和田秀樹の「親《おや》塾《じゅく》」

勉強に自信をつける！ 編

はじめに

子どもの将来の幸せを考えない親御さんはほとんどいないでしょう。
ただ、最近はその気持ちが行きすぎて、教育虐待などという言葉も使われます。

現在私は63歳。私たちの親世代は、経済的理由で進学をあきらめた人も多かったので、子どもにだけは学をつけてあげたいと、教育熱心になりすぎる傾向がありました。一方で、今の親世代、つまり30代、40代の人たちは、子どもが高学歴だと親も高学歴だというのをみて、「しょせんは遺伝だ」とあきらめてしまっている人が少なくないように思います。

私が親御さんに知ってほしいのは、子どもに自信をつけさせることの大切さです。

私は子どものころ、とても勉強ができたのですが、年子の弟は、就学前に大病を患ったことがあり、また生まれ月も早生まれに近い12月の末だったこともあり、小学校1年生のときは学校にまったくついていけず、当時の特殊学級を勧められるような子でした。

しかし、母親は「あなたには賢い血が流れている」と弟に伝え続け、少しでもできることがあれば、ものすごく褒めました。それでも中学受験は惨敗し、東大合格者が10年に1人くらいしか出ないような中堅校に入ることになりました。

その学校での順位も60番くらいで、関関同立レベルと言われていた弟が、私に灘校の勉強法を教えてくれと高3の初めに言ってきました。結局、東大の文Iに、その学校始まって以来2人目の現役合格者になるのですが、「勉強のやり方を変えれば自分も東大に入れるはず」と思った厚かましさの勝利だと今は思っています。そして、60を過ぎた今でも社会的に成功している部類だと思います。

もうひとつの重要なポイントは勉強法の大切さです。

勉強のやり方を変えることで弟の成績が飛躍的に上がったわけですが、私も同じ経験を灘高で落ちこぼれていたときにしました。そして、高学歴の親の子が高学歴になるのは、勉強法の伝承なのだと思うようになりました。実際、高学歴の勝ち組である経営者の子どもでも、意外に受験がうまくいかないのは親が忙しすぎて伝承できないからでしょう。

勉強法を変えて成績が上がれば、子どもは自信をつけるはずなのですが、多くの場合、塾や学校は勉強法を教えてくれず、子どもは非効率な自己流の勉強をします。そして、勉強をやっているわりに成績が上がらず、自信も失うのです。

また子どもの発達に合わない塾に行くことで自信を失い、勉強嫌いになる子も少なくありません。

こういう事情を見るにつけ、親教育の大切さを痛感して、私自らが講義をする配信型の親向けの通信教育「親塾」を始めました。本書はそのエッセンスをまとめたものです。

これからは一生涯の勉強が必要とされる時代です。だから、自信と勉強のやり方を子どもも時代に身に付けることはとても大切だと思います。

自慢ではありませんが、私は８００冊以上の本を出していますし、いろいろな分野の本が出せています。ひとえに勉強法を身に付けたからだと信じています。

本書やネットでの「親塾」を通じて、皆さんが子どもにそのようなものを与えることのできる親になれれば、著者として幸甚このうえありません。

和田秀樹

親塾［勉強に自信をつける！ 編］もくじ

4 中学受験対策

5 塾との付き合い方

6 先取り学習

7 苦手科目との向き合い方

〈正誤表〉

本書７ページにて下記の通り誤りがございました。
お詫びして訂正いたします。

（誤）詳しくはP127に！
（正）詳しくはP115に！

和田秀樹の「親塾」とは？

- ☑ 地方にいても、首都圏や阪神間の過酷な中学受験を勝ち抜いた子に負けない学力をつけさせたい
- ☑ AI の時代に、親元でしっかりと子どもの精神と知力を鍛えたい
- ☑ ゲームやスマホの時代に、子どもを勉強好きな子にしたい
- ☑ 学力や対人関係能力で他の子とずれている気がするが、それでもしっかりと社会で生きていける子にしたい
- ☑「医者になりたい」「科学者になりたい」という子どもの夢を叶えさせてあげたい
- ☑ いじめに負けない心の強い子にしたい
- ☑ ストレスの多い競争社会で、大人になってからも自信をもって生きられる子どもにしたい

そういうさまざまなニーズに和田秀樹の配信講座「親塾」がお答えします！

本書購入者の特典として「親塾」を５回分無料で受講できます！

詳しくは P127 に！

学校任せ・塾任せは子どもをつぶす

- ☑ 子どもの発達には個人差がある
- ☑ 学校や塾のカリキュラムは発達の差を考慮したものになっていない
- ☑ 先生の教え方がよくないこともある

学ぶのが好きだった子どもが勉強嫌いになってしまう前に

就学前の子どもの様子を思い出してみてください。「お母さん、字が書けるようになった！」とか、「お父さん、100まで数えられるようになったよ！」と、何かができるようになる度に、うれしそうに報告してくれていたのではないでしょうか。

子どもにとって、知らないことを覚えること、すなわち学びは大好きで楽しい体験だったはずです。ところが、学校へ通うようになると、多くの子どもたちが「勉強嫌い」になっていきます。いったい、なぜ？　その理由を考えたことはありますか。

これには、学校で学ぶようになって初めて味わう、「先生の言っていることがわからない」という体験が影響しているのです。問題なのは「わからない」ことではなく、「周りのお友だちがみんなわかっているのに、自分だけがわからない」点にあります。

でも、どうして同じ先生の授業を受けているのに、わかる子と、わからない子が出てきてしまうのでしょう。確かなのは、子どもたちの発達には差があることです。

発達とのミスマッチが無用な劣等感を生んでしまう

子どもの発達は一人ひとり違います。ところが、学校や塾のカリキュラムは、個々の能力に合わせて作られているわけではありません。そのため、発達が遅い子はもちろん、発達の早い子にとっても、最適な学習内容とは言えないものとなっています。

「発達の早い・遅い」とは、どういうことを意味しているか、小学1年生の発達を例に、具体的に説明していきましょう。

4月生まれの子と3月生まれの

子がいたとします。学年は同じでも、およそ1年の月齢の違いがあるため、身体的にも精神的にも、その成長の程度には大きな差が生じています。

実際、4月生まれの子のほうが、発達が早い分、身体は大きく足も速い、学校の勉強も比較的よく理解できます。当然のことながら、「僕って、できる！　頭いい！」と思いながら成長していきます。

一方で3月生まれの子は、発達が追いついていないわけですから、周りの友だちと比べても身体は小さく、運動能力も理解力も劣りがちです。「僕って、バカなんだ」という劣等感が植えつけられてしまうこともあるでしょう。

でも、この違いは発達の差によるものであって、3月生まれの子が能力的に劣っているわけではありません。ですから、子どもに「自分はバカだ」と思わせては、絶対にダメなのです。「どうせバカなんだから、何をやっても無駄」と考えるようになってしまうと、勉強嫌いになるだけでなく、自己肯定感の低いまま成長していくことになってしまいます。

ですから子どもには、「今はわからなくても、ちゃんとわかるようになるから大丈夫」と伝えてあげましょう。無用な劣等感を払拭してあげることが、勉強嫌いにならず、その後の人生を、自信をもって歩んでいくためにも必要なことといえるでしょう。

学校や塾での教え方が合わないか 先生の教え方がうまくないか

学校や塾は、わからないことをわかるように教えてくれるところ、と期待しているかもしれませんが、現実には、それほどの実力を備えた先生には、ごく稀にしかお目にかかれません。巷で人気の予備校講師のように「教え方のうまい先生」は、中学受験塾にはまずいないでしょう。

というのも、一般的な大学の教育学部では、勉強の教え方については伝授していないからです。

例えば、逆上がりができない子に対して、やり方を教えず、できるまでやらせる――これは指導とはいえません。また、できない子に向かって「努力が足りない」などと言い出す先生にいたっては、言語道断です。そもそも「できるように教える」のが先生の役割であって、「できるようになっていない」時点で、先生としての能力が欠如していると言わざるを得ません。

勉強でも、同じことです。評判のよい塾だから任せておけば大丈夫、そう思っているとしたら大間違いです。子どもが塾に行っているのに成績がよくならないときには、「あなたがバカなわけじゃない！　先生の教え方が下手なだけ」と言ってあげましょう。大事なのは、子どもに無用な劣等感を与えないことです。

親が子どもに教えるメリット

- ☑ 子どもの発達に合わせた課題を選ぶことができる
- ☑ いろいろな勉強法を試すことができる

できない科目は無理をせず できる科目を進んでやらせる

発達に個人差があることは、すでにお話ししたとおりですが、発達のスピードは、教科によっても違います。多くの親は、「算数がこれだけできるのだから、国語だってできるはず」と考えがちですが、そんなことはありません。

日本の教育では、できる科目を伸ばすよりも、できない科目をなくすことが最適解とされているため、できない科目により多くの時間をかけてなんとかして克服させようとする傾向があります。

しかし、できない原因が発達によるものであるならば、残念ながら、発達が追いつくまではいくら時間をかけてもできるようにはなりません。親はまず、このことを知っておくべきでしょう。

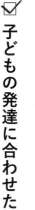

一般に、「9歳の壁」を越えるまでは、抽象的思考が必要な課題を解くのは難しいとされています。算数の帯分数や余りのある割り算、文章問題、複雑な図形の問題、国語の長文読解問題などは、9歳の壁を越えていない子どもにとっては、ほとんど歯が立たない課題といえるでしょう。

ところが、中学受験をさせたいと考える親は、早いうちから無理やり塾に行かせたり、難解な課題を与えたりしてしまうものです。子どもの発達を無視してハイレベルな課題を与えても、その子にとっては、自分ができないことを思い知らされ、「自分はバカだ」という劣等感を強くしてしまうだけです。

9歳の壁を越えるまでは 越えていなくてもできることを

9歳の壁を越えていないようであれば、抽象思考を伴う課題よりも、むしろ記憶力のよさを生かすことのできる課題を与えて自信をつけさせるほうがいいでしょう。

例えば、漢字であれば、小学校の低学年のうちに6年で習う範囲までやらせてしまうことも可能でしょうし、それでも物足りないようであれば、中学1年で習う英単語を覚えさせてもいいかもしれません。その子が「できる」課題であれば、どんどん先に進めてしまっていい、というのが私の考えです。

大切なのは、その子どもの発達段階に応じた課題を与えることであり、本人の自己肯定感を失わせてしまうようであれば、無理に難しいレベルの課題を与える必要はありません。子どものうちは、できることを積極的にやらせてあげましょう。

逆に、発達の早い子で、学校の授業内容に物足りなさを感じているようであれば、「先取り学習」をさせてもいいでしょう。詳しくは、別項でお話しします。

Column

子どもの発達でよく聞く「9歳の壁」とは？

子どもの発達とは、子どもが自らの経験を基にして、周囲の環境との相互作用を通じ、豊かな心情、意欲、態度を身に付け、新たな能力を獲得していくものとされています。学童期に入ってからは、小学校低学年と高学年（9歳以降）の2つの時期に分けられます。

高学年の時期には、物事をある程度対象化して認識できるようになり、自分のことも客観的に捉えられるようになるとともに発達の個人差が顕著になってきます。自己肯定感をもつようになる一方で、**勉強ができないことなどが原因で劣等感をもちやすくもなります。**9歳の壁とは、この段階にあることを意味します。

9歳の壁を越えるまでは抽象的思考への適応が難しいとされており、算数の文章題などの概念が理解できるようになるのは壁を越えてからといわれています。

※参考：文部科学省「子どもの発達段階ごとの特徴と重視すべき課題」

勉強法が合わないときは いろいろなやり方を試してみる

日ごろから一生懸命勉強をしているのに成績が上がらない子の場合、発達が原因でないとすれば、勉強のやり方に問題があると思ってください。巷には、さまざまな「よい」とされる勉強法が溢れていますが、どんな子にも効果的とは限りません。

親が、自分の子どもに教える最大のメリットは、**一般に「よい」とされる勉強法であっても、その子に合わないと判断したときには、他のやり方に変えてみることができる点**です。Aというやり方でダメだったらB、それもダメならCと次から次へと試すことができるはずです。

勉強のやり方が合っているかを、子どもが自分で判断するのは難しいものです。勉強がうまくいっていないと感じたら、子どもの勉強のやり方を見てあげましょう。

勉強のやり方を教える意味

- 子どもに合った勉強のやり方＝勉強法を模索する
- 「この方法しかない」という考え方はメンタルヘルスによくない

勉強のやり方を変えて成績が上がれば成功体験になる

子どもが勉強嫌いになってしまうのは、「わからない」、「成績が上がらない」がその主な理由です。わからなくて辛い思いをしているうえに、親には「どうしてできないの！」と叱られてしまう――これでは、ますます勉強が嫌いになることはあっても、好きになることはありません。

一方で、子どもはテストでいい点数をとることができれば、たちまちやる気になるものです。子どもにとっては、成績が上がることが何よりの成功体験となり、勉強する動機づけにもなります。

では、どうすれば勉強嫌いな子どもの成績を上げることができるのでしょう。前項ですこしお話ししましたが、子どもの勉強のやり方（＝勉強法）に注目してください。

勉強のやり方を教えてくれる学校や塾はほぼありませんから、たいていの子どもは自己流のやり方で勉強しています。**がんばって勉強している割に成果が出ていないようであれば、勉強のやり方がその子に合っていない可能性があります。**

勉強法は子どもの性格や理解力のレベルによっても違ってくるものなので、「これが正解！」とは言いきれないのが難しいところではありますが、質より量の根性論には要注意です。解答にたどり着くまで、ただやみくもに考えさせるやり方は、子どもを疲弊させます。明らかに非効率ですし、下手をすると教育虐待につながりかねない、とても危険なやり方でもあります。

メンタルヘルスによい思考パターンを身に付ける

「勉強のやり方を変えたら成績が上がった」という体験は、受験のときだけでなく社会に出て仕事をするようになってからも役立ちます。

メンタルヘルスの観点から言えば、「この道しかない」と考えてしまう思考パターンはうつ病になりやすいとされています。うまくいかなかったときに、他のやり方があると思えるかどうか――さらに、自分を責めないことや、頭で考えて不安になってしまう前にとりあえず動いてみることなども、心の健康を保つうえではとても大事になってきます。

ゲームに攻略本があるように、その子どもに合った勉強法がきっとあるはず。誰かの成功体験や本などで調べた勉強法も役に立ちます。

頭の良し悪しより勉強法の伝授のほうが大事

私は、子どものころから勉強ができるほうだったので、中学受験で難関校とされる灘中学に合格。優秀な同級生からの刺激を受けながら、灘高校、東大医学部とそれほど苦労することなく進学できました。

ところが弟は幼児期に大病を経験したこともあり、「発達が遅れた、できの悪い子」と言われ続け、悔しい思いをしてきたことと思います。

そんな弟が高校3年のときに、「僕が勉強できないのは、この学校の教え方が悪いからだ。灘高の勉強法を教えてほしい」と頼んできたのです。私が灘高の勉強法を体系化して伝授すると、その時点では関西の私立大学が適正レベルとされていた弟の成績がみるみるうちに上がっていき、東大文科Ⅰ類に現役合格したのです。

この弟の一件を通じて、成績が伸び悩んでいる子にとって、「勉強のやり方を変えること」には大きな意義があると気づかされました。

よく「東大卒の親をもつ子どもは東大に入りやすい」といわれますが、これは頭のよさが遺伝するからではなく、効果的な勉強法を伝授してもらえるからです。

やり方を学ぶことの大切さは、スポーツに置き換えればもっとわかりやすくなります。どんなスポーツも、バットの振り方、ボールの蹴り方などを学んでから努力（＝くり返し練習）をします。自己流で習得した技術が間違っていれば、いくら練習してもうまくなるわけがありません。

そう考えれば、まず、勉強のやり方を学んだほうがいいのは当然のことと言えるでしょう。

思考力より試行力
別の方法もあるよ
こうしてみたら？

義務教育では「基礎学力」を身に付ける

- 子どもには「教育を受ける権利」が、親には「教育を受けさせる義務」がある
- 職業選択の自由を支える「基礎学力」を小学生のうちに身に付けること

教育を受ける権利と教育を受けさせる義務

義務教育の定義については、日本国憲法26条に規定されています（次ページ）。この第2項を読めばわかるとおり、義務教育の「義務」とは、教育を受ける側（＝子ども）にあるのではなく、教育を受けさせる側（＝親・保護者）にあると書かれています。

憲法に初めて「義務教育」の文言が登場したのは明治時代まで遡ります。当時の義務教育は3～4年と今より短く、すべての子どもが学校に行ける時代でもありませんでした。

戦後、義務教育は9年となり、どんな子にも「教育を受ける権利」があり、その親（保護者）には「教育を受けさせる義務」があることが徹底されるようになっていきました。まずは、この点をしっかりと理解しておきましょう。

一般に、義務教育で身に付けるべきとされている能力は、日本国民として必要な「基礎学力」の他、コミュニケーション力や社会的なルールを理解する力なども含みます。そして、この基礎学力を培うための教育を普通教育といいます。

職業選択の自由のためにも基礎学力を疎かにしない

よく商売においては「読み・書き・そろばん」ができれば十分、学校で習う「国語・算数・理科・社会」といった基礎学力は大して役に立たないといわれます。

実際、大工や漁師など特定の技術を要する職業に就くのであれば、早いうちから修行して必要な技術を習得したほうが有益かもしれません。ですが、こうした徒弟教育では、技術の習得はできても基礎学力までは学べません。職業選択の自由は、基礎学力があってこそ保障されるものですから、学校へ行かず徒弟教育のみに絞ってしまうと、のちに別の職業に就きたいと思ったときに通用しなくなってしまいます。

基礎学力の捉え方は国によっても異なりますが、世界的な共通認識としては、母国語のグラマー（文法）に重きを置いている傾向にあります。文法を理解していないと読み書きのレベルを上げていくことが難しいと考えられているのでしょう。

【日本国憲法 第26条】

1項　すべて国民は、法律の定めるところにより、その能力に応じて、ひとしく教育を受ける権利を有する。

2項　すべて国民は、法律の定めるところにより、その保護する子女に普通教育を受けさせる義務を負ふ。義務教育は、これを無償とする。

特に最近は、SNSを利用した情報収集が一般的となり、短い文章ならば読める子も、本や新聞を読む機会が減っていることで長文を読んだり、理解したりすることができない子が増えているように思います。文章を読み解く力は、すべての教科にかかわる、とても大事な基礎学力のひとつです。

ゆとり教育の「生きる力」より詰め込み教育の「基礎学力」

日本の学校教育は「学習指導要領」が基準となっています。その変遷をざっと振り返っておきましょう（76ページ）。

60年代に、基礎学力の向上を目指して授業数や内容が増やされたことで能力主義が生成され、一気に学歴社会へと突入していきます。

70年代には受験競争が激化し、教育内容はより高度になり、学習量がもっとも多かったのもこの時期です。これに対し、暗記中心の「詰め込み教育」は落ちこぼれを生み出す、として社会問題になっていきます。

それを受けて、80年代に初めて「学習指導＝ゆとりの時間」が導入されると、90年代、2000年代と「ゆとり」路線が強化されていきます。

なかでも「生きる力」と称して、「主体的に行動して問題を解決する能力」を育むことが重視される一方で、授業時間数や学習内容は大幅に削減されていたので、基礎学力の低下が危惧され、新たな社会問題となっていきました。

「生きる力」を育むには、もっている知識を応用したり、疑ったりすることが必要となるため、知識量がまだ十分ではない小学生よりも、高校生や大学生のほうがより効率的に身に付けていけるはずです。

逆に言えば、小学生のうちは、深い思考や議論ができるよう、基礎学力をしっかり蓄えて土台作りをしておくべきでしょう。

子どもの学習どうすれば習慣化できる?

- 「毎日、同じ時間に、同じことを続ける」ことで習慣化される
- 学習の習慣化は受験だけでなく、一生役立つものとなる

歯磨きも、学習も習慣化には時間がかかる

当初、日本で新型コロナウイルス感染症の蔓延が比較的抑えられていた理由のひとつに、「手洗いやうがいの習慣があったこと」が挙げられていました。大人にとっては当たり前の生活習慣も、子どもにとっては、一つひとつ教えられて身に付けていくものです。

例えば、「食事をしたら歯を磨こう」と教えたときに、素直に磨く子もいれば、嫌がって磨こうとしない子もいます。それでも食事のたびに「歯、磨いた?」と確認を続けていると、自分から「ちゃんと磨けたよ」と報告してくるようになり、そのうち外食や旅先でも、「歯を磨きたい」と言ってくるようになります。

「それをしないと落ち着かない、なんだか気持ち悪い」と思うようになった時点で、歯磨きが習慣化したと言っていいでしょう。

これを踏まえれば、勉強も同じように習慣化できるはずです。毎日の勉強を習慣づけるためには、1日でも勉強しない日があると「バカになっちゃう」と子どもに思わせるくらいの刷り込みが必要です。

学習の習慣化は一生役立つものとなる

小学校時代は知識を増やしていく段階であり、漢字を覚える、計算力をつけるなど、「作業」という表現で説明できるような勉強が中心です。スポーツでいえば、素振りや投げ込みのようなものですから、もし子どもが勉強を「楽しい」とか「好き」と思えなかったとしても当然です。それでも毎日、コツコツと続けさせることで習慣化されていきます。

習慣化の最大のメリットは、勉強に対する抵抗感が軽減されることです。そのうえ、勉強していない日が

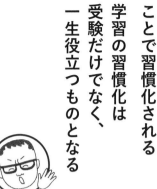

あると落ち着かないとなれば、学習量も多くなり、それに伴って学力もついてきます。結果、受験勉強の際にも役立ちます。

　一方で、学習は受験のためだけにあるのではありません。**今はいい大学に入ったら終わりではなく、社会に出てからも学び続ける「生涯学習」が重要となってきます。**

　これは、主要8ヵ国の教育大臣及び欧州委員会の教育担当委員が一同に会したG8教育大臣会合（2000年4月）においても議論され、生涯学習のための学習機会の拡大に務めることで合意されました。

同じ時間に、同じことをくり返し休みをつくらないことも大事

　学習を習慣化するには、1日10分でも、15分でもいいので、毎日続けることがもっとも大切です。

　人には体内時計が備わっているものなので、お風呂の時間、夕飯の時間など、決まった時間に、決まったことを行うようにすると身体が覚え、行動が自動化されていきます。

　例えば、「夜9時になったら、漢字を覚える」と、学習内容まで決めておくといいでしょう。毎日、同じ時間に、同じ勉強をしたほうが、習慣化はよりしやすくなります。

　また、勉強しない日をつくらないことも重要です。中学受験のために毎日の勉強が習慣化できていた子が、受験を終えた途端に勉強をやめてしまうことがあります。合格のご褒美として、多くの親が許してしまいがちなことですが、中学入学までのわずかなブランクによって、せっかく身に付いた勉強の習慣が消えてしまい、中学に入ってからまた苦労することになってしまいます。わずかな時間でいいので、机に向かう習慣を崩さないようにしましょう。

　習慣化にかかる期間は、子どもによって異なります。**1、2ヵ月で習慣化できる子もいれば、数年続けてようやく身に付く子もいます。**

　習慣化できているかは、「今日は勉強しなくていいよ」と言ったときの反応でわかります。習慣化できている子なら、それじゃバカになっちゃうと嫌がるでしょうが、習慣化ができていないなら喜ぶはずです。その場合は習慣化できるまで勉強を続けることが大切です。

やったー!!
今日は、勉強しなくていいよ!
え、バカになっちゃう
…勉強したい

朝型と夜型、勉強に向いているのはどっち？

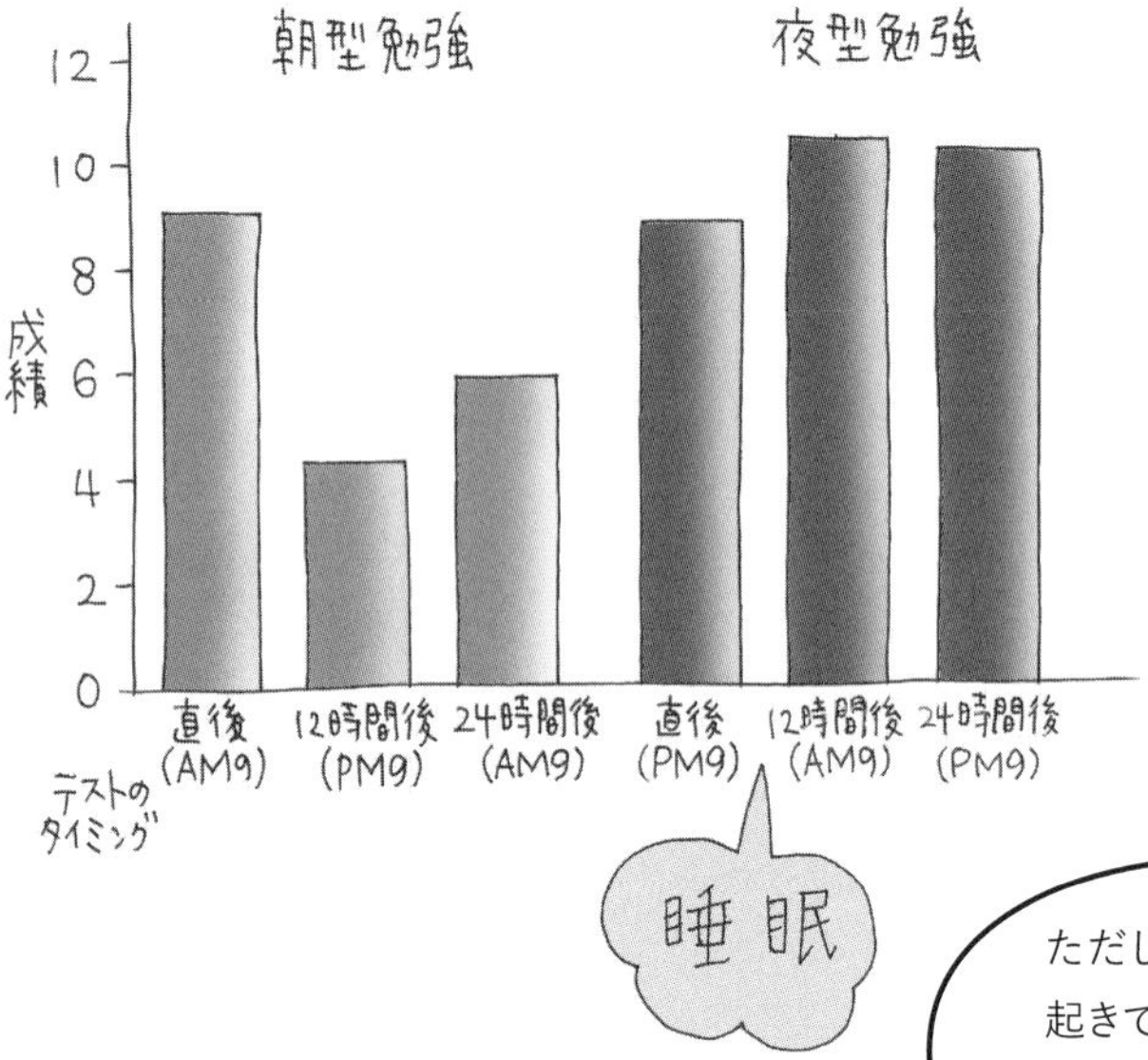

朝型勉強

直後 (AM9)
12時間後 (PM9)
24時間後 (AM9)
直後 (PM9)
12時間後 (AM9)
24時間後 (PM9)
テストのタイミング
睡眠

勉強をした直後にテストをした場合には、朝と夜で成績は変わらない。
ところが、12時間後、24時間後のテストの成績は夜型のほうがよい。
寝る前に覚えたことは記憶として定着しやすいことから「夜に勉強をして一晩眠ったあとのテストの成績はよくなる」と言える。

※参考：『受験脳の作り方』池谷裕二著（新潮文庫）より

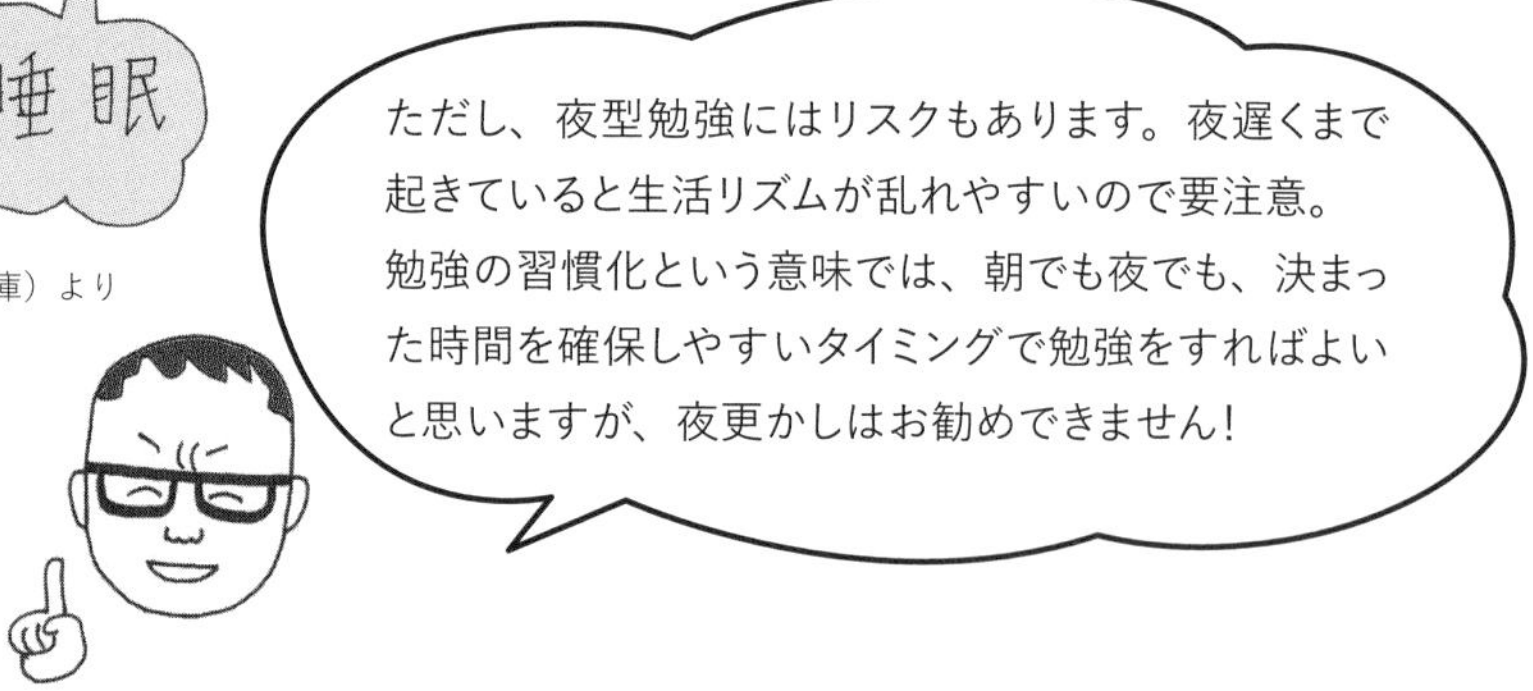

ただし、夜型勉強にはリスクもあります。夜遅くまで起きていると生活リズムが乱れやすいので要注意。
勉強の習慣化という意味では、朝でも夜でも、決まった時間を確保しやすいタイミングで勉強をすればよいと思いますが、夜更かしはお勧めできません!

習慣化とステップアップ両輪で行っていくこと

学習の習慣化と学力のレベルアップを結びつけてあげることも大切です。「今日の勉強で、新しい漢字を10個も覚えたね、すごい!」など、日々の成果を言葉にして伝えてあげれば、子どものやる気につながります。

また、学年が上がるタイミングで、学習時間を増やしていくのも、子どもがステップアップを実感できるようになるのでお勧めです。

〈学習時間（1日）の目安〉

1年生　15分から20分
2年生　30分から40分
3年生　45分から60分
4年生　60分から80分
5年生　75分から100分
6年生　90分から120分

毎日の勉強量は、これくらいで十分です。受験のための勉強は、これとは別に確保しましょう。

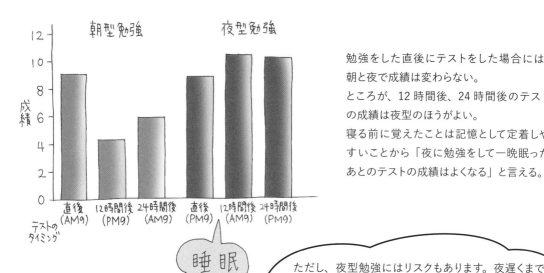

Column

習慣と依存は表裏一体
「コントロールできない」は要注意!?

そもそも「習慣化」とはどういうことでしょう。

人は、あること（例えば、歯磨き）を、同じ状況のもとでくり返していると、その状況になるとほとんど無意識のうちに同じ行動をとるようになります。これが「習慣化」です。**完全に習慣化されたものは、行動が自動化され、無理にがんばらなくても続けることができる**ようになります。その結果、「それをしないと気持ち悪い」となるわけです。

一方で、「やってはいけないとわかっていても、やらずにはいられない（コントロールできない）」ことがあります。「それをしないと気持ち悪い」となる点においては習慣化と同じですが、それによって**生活に支障をきたすとなると、それは「依存（症）」**です。

「依存症」は病名なので簡単に使うべき言葉ではありませんが、勉強を習慣化するのには苦労する一方で、ゲームやSNSにはあっという間にはまってしまう傾向があり、「ゲーム依存」などと言われてしまうのも事実です。

一般に、ギャンブルのようにはまりやすいとされているものに対しては、開催場所や日時を限定するなどのハードルが設けられています。しかし、スマホを利用して行うゲームやSNSは、いつでも手もとにあり手軽にアクセスできてしまうことで、よりはまりやすくなってしまっています。

子どもが自分でコントロールできなくなっていると感じたら、要注意です。スマホの使い方を親子で話し合って決めるといったことも必要かもしれませんね。

自室での学習か、リビングルーム学習か

- リビングルーム学習は親が付き合うことが必須
- 気分や状況で自室とリビングルームを使い分ける

スマホの誘惑から守るリビングルーム学習

家庭での娯楽の中心がテレビだった時代、勉強をするときにはテレビの誘惑に負けないように、自室に行くのが主流でした。住まいの条件もだいぶ変わって、現在はマンションでも戸建てでも、対面式のキッチンとリビングルームが一体化したLDKが浸透。親が家事をしながら子どもの世話や見守りがしやすいため、LDKは子育て世帯にマッチした環境なのですが、中学受験を制した子の多くが、自室ではなくリビングルームで学習していたことが注目され、今ではリビングルーム学習がスタンダードになりつつあります。

そのメリットは、何といってもインターネットの誘惑がないこと。親の目が届かない自室での学習では、勉強しているかのように見えても、実際にはスマホやタブレットで遊んでいるようなケースも多くあります。特に自分専用のスマホを与えられている場合には、親に内緒で制限時間を超えて使う場合も多い。フィルタリングを解除し、自由に使える設定にしてまで使うようなスマホ依存のリスクもあります。親が同じ空間にいるだけでも、スマホに触れる抑止力になるので、この影響は非常に大きいと思います。

子どもの勉強を丁寧に見てあげられる

小学生の場合、親に向かって読み聞かせをするという国語の宿題が出ることが多いはずです。教科書の何ページから何ページまで、といった具合に毎日のように読むのを聞いてから親が確認のサインをするものですが、リビングルーム学習では、子どもの前に座って集中して聞いてあげることができます。

また、算数の宿題では、親が解答

を見ながら丸つけをする場合もあります。間違いやすい問題の傾向がわかり、行き詰まる問題がどこなのかもわかるので、見逃さずに解き方を教えてあげることができます。

　このとき、**ダイニングテーブルなどでは子どもの斜め前に座るのがポイント。**真正面では尋問されているような威圧的な雰囲気になりがちなので、苦痛に感じてしまいます。

　そして「なんで、こんな問題がわからないの！」などと、やる気が失せるようなことは言わず、集中力が途切れたら、勉強とは関係のない話をもち込んで怒らないようにしましょう。リラックスしながらも集中できる距離感が大事です。

　高学年くらいになると難しい問題も増えてきて教える自信がなくなるかもしれませんが、解答を見ながらであれば教えられると思います。一緒に勉強するような気持ちでぜひ取り組んでください。親が勉強の伴走をしてくれていると感じることで、子どもの情緒は安定し、モチベーションも上がることでしょう。

リビングルーム学習のデメリットは？

　私は大学受験の前は、喫茶店に入り浸って勉強していました。少しザワついているくらいのほうが落ち着くタイプでした。逆に、リビングルーム学習では生活音が気になって集中できず、むしろデメリットになりやすい子もいます。また、親が不在時のリビングルーム学習では、監視の目がないのでテレビやスマホの誘惑に負ける可能性も大いにあります。

　勉強机代わりのダイニングテーブルにしても、座卓にしても、食事のときや家族が集まる時間に教材を広げたままにはできませんから、そのたびに片付けでせわしないうえ、あちこちに寄せておいたまま忘れてしまいものを失くしがちです。部屋の広さに余裕があるなら、デスクや棚の場所を固定した専用の学習スペースを設けてもいいでしょう。

子ども部屋は必要、でもスマホはもち込み禁止

　勉強はリビングルームで事足りるとしても、思春期の性的なめざめもありますし、落ち込んだときに気持ちを整理するためにも、メンタルヘルス的な逃げ場が必要です。一人の時間を過ごすための自分専用の部屋はあったほうがいいと思います。

　親がリビングルームでテレワークをするときや、ちょっと気分が乗らないから場所を変えてみたいときなど、**学習スペースは、自室とリビングルームの両方を臨機応変に使い分けるとさらに効率がいい**ものです。ただし、自室にスマホをもち込むことは禁止すべき。親の気配が感じられるリビングルームでのみインターネット利用を許可するのが賢明です。

子どもの成長と脳の発達にはバラツキがある

- ☑ 子どもの脳は発達途中で未熟なもの、今できなくても焦らないこと
- ☑ 発達のバラツキを個性と捉えて生かしていくことを考える

脳は生まれてすぐから成人するまで発達し続ける

人間の脳は、生まれてから乳幼児期までに驚くほどのスピードで発達します。発達のピークは脳領域によって異なりますが、視覚・聴覚・触覚にかかる領域や運動にかかる領域がまず先に発達します。そののちに物事を思考したり、感情をコントロールしてコミュニケーションをとったりする領域（前頭前野）が、大人になるまでの長い時間をかけて発達していくと考えられています。

つまり、子どもの脳は発達の真っただ中にあって、未熟な状態にあるわけです。そのうえ、発達のスピードは人によって異なり、「周りのお友だちはできるのに自分はできない」といったことはよくあることなのです。

では、「わが子の発達、他の子と比べてちょっと遅くない？」と感じたとき、親は子どもとどう向き合えばよいのでしょう。

私自身、勉強はできるけれど、先生とも友だちともコミュニケーションがうまくとれない、落ち着きのない子どもでした。今思えば、子どものころの私の行動パターンは、さまざまな点でいわゆる「発達障害」のそれに当てはまります。

ですが、母は私の行動を咎めることも、改めさせようとしたこともありませんでした。ただ、子どもだった私に、「サラリーマンのような働き方はきっと無理だろうから、医者とか弁護士とか、何か資格をとりなさいよ」というようなことはくり返し言っていたと記憶しています。

そして今、母の言葉どおり、私は医者（精神科医）になりました。さらに、これはおそらく当時の母の想定を超えていると思うのですが、会社経営や執筆活動など幅広い分野で活動することもできています。

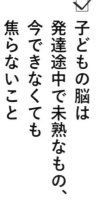

発達の違いによる特性をその子の個性として捉える

私の子どものころの話を例として挙げたのは、「子どもの発達は人それぞれである」と知っておいてもらいたいからです。実際、軽度の症状を含めれば、15～20％の子どもが発達に何かしらの問題を抱えているとも言われています。ＤＳＭ-５（精神疾患の診断・統計マニュアル 第５版）にも、「発達障害の特性を備えていたとしても、生活していくうえでの困りごとがなければ障害とはされない」とあります。

ですから、発達による凸凹は「病気」ではなく、その子の「個性」と捉えたほうがきっと生きやすくなるはず、というのが私の考え方です。

「できないことをがんばらせて克服させるより、できることをどんどん伸ばしてあげましょう」と言っているのも、こういった考えに基づくものであり、そうすることが、時に天才的な能力の発掘につながるとも信じています。

そもそも、未熟な脳への過度なストレスは健やかな発達に悪影響となってしまうこともありますから、子どものうちはくれぐれも無理をさせないほうがいいでしょう。

発達が遅い子どもを親が信じてあげること

私の弟は、発達が遅かったので、子どものころは勉強が得意ではありませんでした。そんな弟のことを誰かに紹介するとき、父親は「アホなほうの子」と言って笑っていました。今思えばひどい話です。

ところが、母親はそんな弟の能力を信じ、「あなたはバカじゃない」と言い続けていたのです。弟は、中学受験には失敗してしまいましたが、高３のときに勉強の仕方を覚えるとみるみる学力を伸ばし、東大に合格。さらには、在学中に司法試験に受かるまでになりました。

もし父親しかいなかったら、弟は自信をなくし、早々に落ちこぼれていたかもしれません。母親の言葉が弟の支えとなっていたのだろうと確信しています。

人の脳の機能については、いまだ研究の途上にあります。ですが、病気や事故によって脳の半分にダメージを受けても、残った部分が失われた機能を補って働くことがわかっています。実際、大脳半球切除術を受けた後で、高い能力を発揮する人がいることは知られています。

これは極端な例ではありますが、子どもの発達が遅れているとか、発達障害かもしれないと悩むよりも、私の母親がそうであったように、「この子の脳は発達の途中なんだ！」と信じて見守ってあげるほうが、いたって健全だし自然なことだと思いませんか。

子どもの発達には個人差があるから親がフォローする

☑ たいていの場合、発達の差は月齢や性差による

☑ 学校や塾では発達の違いを考慮した指導はできないが、親ならできる

4月生まれの子のほうが自己肯定感が育まれやすい

4人（3男1女）の子どもを東大理科Ⅲ類に合格させたことで知られる、通称〝佐藤ママ〟ですが、「3月に産んだら子どもはダメになる」と言われたことがあるそうです。

日本では4月2日から翌年の4月1日までに生まれた子が同じ学年になります。**月齢での1年差は幼少期ほど大きく、身体的・体力的にはもちろん、理解力など能力面でもその差は明らか**です。そのため小学校受験では月齢が考慮されることもあるようですが、小学校に入って以降は考慮されることはなくなります。

月齢による能力差は、成長とともに縮まっていくものなので、焦らずに成長を待ってほしいと思いますが、一方で、東大合格者には4月、5月、6月生まれが多いとも言われます。

当然のことですが、早生まれと遅生まれでもともとの能力に差があるわけではありません。にもかかわらず、「東大合格」というはっきりとした知的能力差が生じているのは、なぜなのでしょう。これには、子どものころの自己肯定感が関係していると考えられます。

幼少期、遅生まれの子は早生まれの子に比べて発達が早い分できることが多く、子どもながらに「自分はできる」と思いながら育ちます。そのため、自己肯定感が高くなり、自然と勉強を好きになっていきます。

逆に、早生まれの子は「自分ができないのはバカだからだ」と劣等感をもちやすく、自信のないまま成長し、勉強嫌いになってしまうのです。

勉強を好きになると学習量も増えるので、受験のための勉強を積み上げやすくなります。「東大合格」は、その結果と言えるでしょう。

子どものころに育まれた自己肯定感は、中学受験だけでなく、大学受

験や社会に出てからも、その子を力強く支えてくれる土台となります。そういう意味でも、月齢による発達の差が、のちの人生に少なからず影響していることはたしかです。

小学生の男の子に向かって「女の子に負けるな」は禁句

また、発達のスピードには性差があります。一般に、女の子のほうが、脳も体も発達が早いため、「男の子のくせに女の子に負けるなんて！」などの叱咤は禁物です。小学生のあいだは、男の子が負けていても、「今、（女の子に）かなわなくても、いずれ追いつくから大丈夫」と声かけしてあげましょう。

90年代の終わりに「男女共同参画社会の形成と促進」が掲げられて以降、男女平等の機会は増えたものの、実質的には男性優位の価値観が続いています。残念ながら、時代が令和に変わった今もなお、女性が能力に見合った評価をされているとは言い難い状況にあります。

こうした社会的背景を踏まえれば、女の子をもつ親が、性差を超えて活躍できるようにと先取り学習に積極的になる気持ちはわかります。実際、英才教育には、発達の早い女の子のほうが向いているともいわれており、子どもにとって無理のない範囲であれば、先に先にと学習を進めていくのはいいことだと思います。

個人差に合わせた指導は学校では無理でも親ならできる

学校の授業は「個人差」を考慮したプログラムにはなっていないので、親のフォローは絶対に必要です。**子どもの発達に合わせて、「いつ」「何をさせるか」を考えてあげましょう。**

例えば、「中学受験のために塾に通わせたい」と思っても、子どもによっては成績が上がるどころか、逆効果となってしまうことがあります。

できる（発達の早い）子にとっては、学校の授業が物足りなくて飽きてしまっている可能性がありますから、楽しく勉強を続けさせるという意味では有益かもしれません。しかし、できない（発達の遅い）子にとっては、学校の授業だけでも辛いのに、レベルの高い中学受験塾にまで行かされるとなったら、みじめな思いが強化されてがんばる気力さえも奪ってしまいかねません。

中学受験でその子の人生のすべてが決まってしまうわけではありません。中高一貫校に行かせないと偏差値の高い大学に行けない、などというのは親の間違った思い込みです。

できる・できないで親が一喜一憂しないためにも、中学受験ではなく大学受験をゴールに考えるといいでしょう。親が心理的な余裕をもって子どもに接することで、子どもはそれぞれのペースで学力を伸ばしていけるようになるはずです。

記憶力がいいうちに覚えさせる

- 記憶力と語学学習は相性がよい
- 記憶の3段階モデル【入力→貯蔵→出力】を理解する
- 脳によい睡眠習慣を意識する

子どものころに覚えた英語はネイティブにも通用する

記憶力を生かして学べる代表的なものが語学です。

私は、英語の読み書きにはある程度の自信がありました。実際、日本人の精神科医のなかで、英文で精神分析の論文を書いているのは3人しかおらず、そのうちの1人が、私です。ですが、発音が悪いこともあり、聞くことや話すことは得意とはいえません。

試しにネイティブの前で英字新聞を声に出して読んでみてください。日常的に英語を使ってコミュニケーションをとっている人でもない限り、ほとんど聞き取ってもらえないと思います。日本語にはない子音の発音、単語のアクセント、文全体のイントネーションなどが、英語で会話するうえで、いかに重要な要素となっているかがわかります。

ところが、**子どもが英語を新しい言語として習得するときには、**日本語の語彙力がまだそれほど多くない3歳児であっても、**耳で聞いたとおりにフレーズや文章を丸ごと覚えてしまいます。**むしろ、一つひとつの単語の意味やスペルを知らない分、余計なバイアスがかからないので、よりネイティブに近い発音で話すことができるようになります。

ただ、こうして覚えたネイティブに通用する英語も日常的に使っていないと、成長とともに新しい記憶が上書きされていくこともあり、いつの間にか話せなくなっていた、なんてことも珍しくはありません。

とはいえ、子どものころに覚えたことが成長とともに使えなくなってしまうとしたら、勉強しても意味がないことになってしまいます。子どものころに覚えたものを忘れないようにするためにはちょっとした工夫が必要なのです。

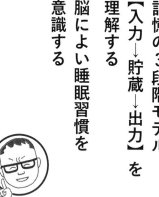

記憶の3段階モデル

ここで、記憶のメカニズムについて、簡単に説明しておきましょう。

記憶の3段階モデル頭に叩き込む「入力」から

記憶は、「入力」から始まります。入力をよくするためには「理解」と「注意」がカギとなります。

誰もが実感していると思いますが、**理解したことは記憶しやすくなります。**逆に言えば、先生の話していることがわからなければ、覚えるのも難しいということになります。

ですから、子どもが勉強につまずいているときには、その子が理解できるレベルまで下げて勉強し直すことが有効となります。入門書や参考書を使うことも、先生に質問することとも、理解を助けるための方策のひとつです。その際には、「先生に聞くのは恥ずかしいことではないし、理解しようと努力をしているあなたは偉いね」と声をかけてあげましょう。

記憶にとってもうひとつの大切なキーワードが「注意」です。**勝手に関心が向くもの、すなわち興味のあるものは記憶しやすい**とされています。うつ病になると、いろいろなことを覚えていられなくなってしまうのは、興味の関心が向かなくなってしまうからと考えられています。

ですから、歴史の勉強のために大河ドラマを見せたり、歴史マンガを読ませたりすることも、子どもに興味をもたせるという意味では悪くないと思います。

また、勉強以外のもの、例えばゲームなど他に気になるものがある場合には、先に好きなことをやらせてしまったほうがいいかもしれません。「勉強が終わったら、好きなことをしていいよ」とご褒美にするやり方は、かえって気になって、勉強に集中できないことのほうが多いように思います。

記憶が定着するしくみ

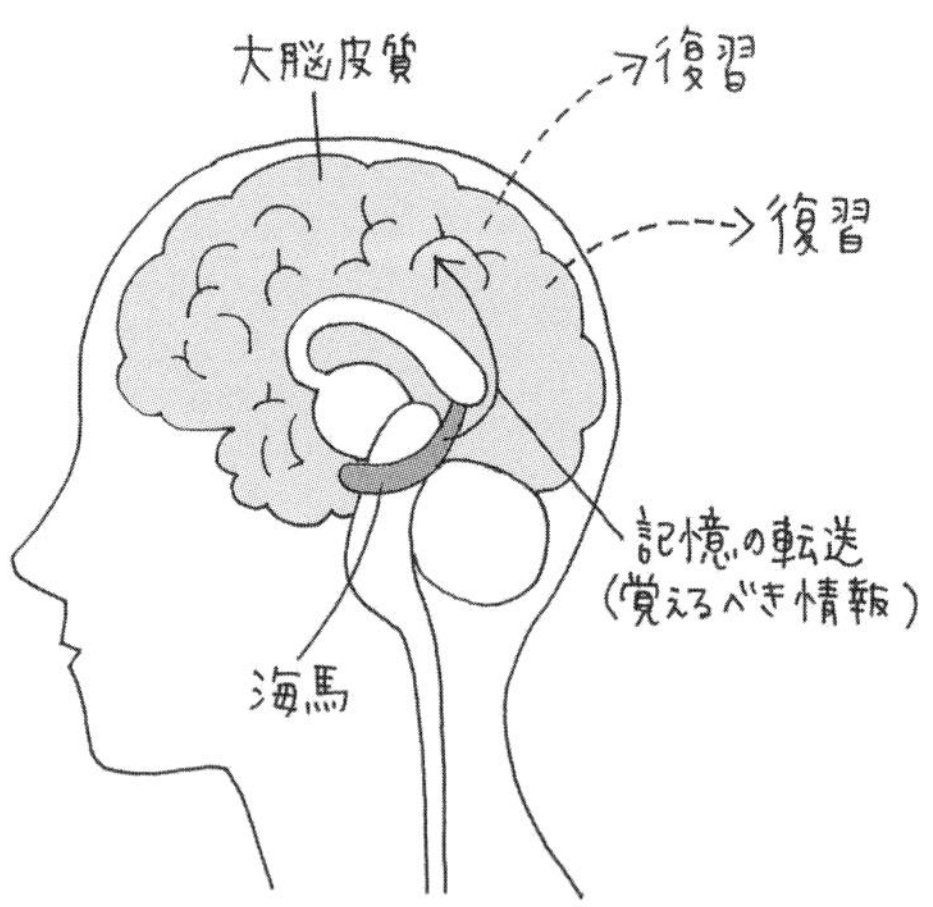

学習よりもテストをするほうが記憶に残る

	暗記し直す単語	テストする単語
グループ1	すべての単語	すべての単語
グループ2	間違えた単語のみ	すべての単語
グループ3	すべての単語	間違えた単語のみ
グループ4	間違えた単語のみ	間違えた単語のみ

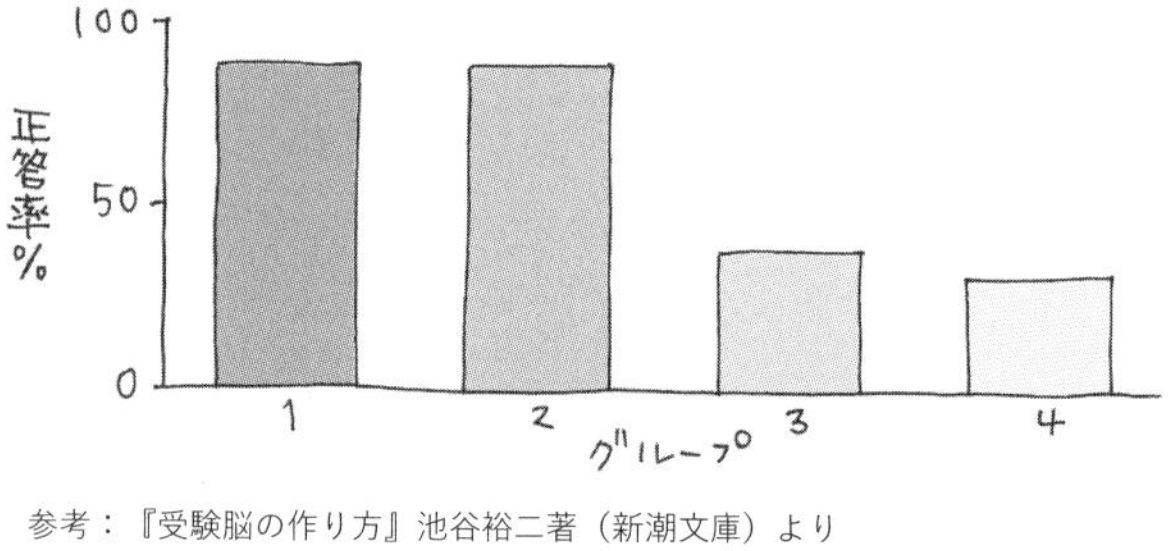

参考：『受験脳の作り方』池谷裕二著（新潮文庫）より

「入力」したものを「貯蔵」したら「出力」できるようにしておく

新しく覚えたことは、脳の海馬と呼ばれる場所に貯蔵されます。その情報が重要なものと判断されると、大脳皮質の側頭葉と呼ばれる部位に送られ記憶として定着します。

海馬に貯蔵された記憶が消去されるまでの期間は約30日間とされています。消されないようにするためには、くり返し思い出すことが必要です。学習において復習が大事なのは、記憶として定着させるためです。

そして、覚えたものはいつでも「出力」できるようにしておかなければ意味がありません。その出力のためのトレーニングとして、人に教える、テストする、親との会話型学習などがあります。子どもに、「学校で習ったことを話して」、「新聞で読んだことを教えて」と言えば、それはとてもよい訓練になります。

睡眠と学力の関係

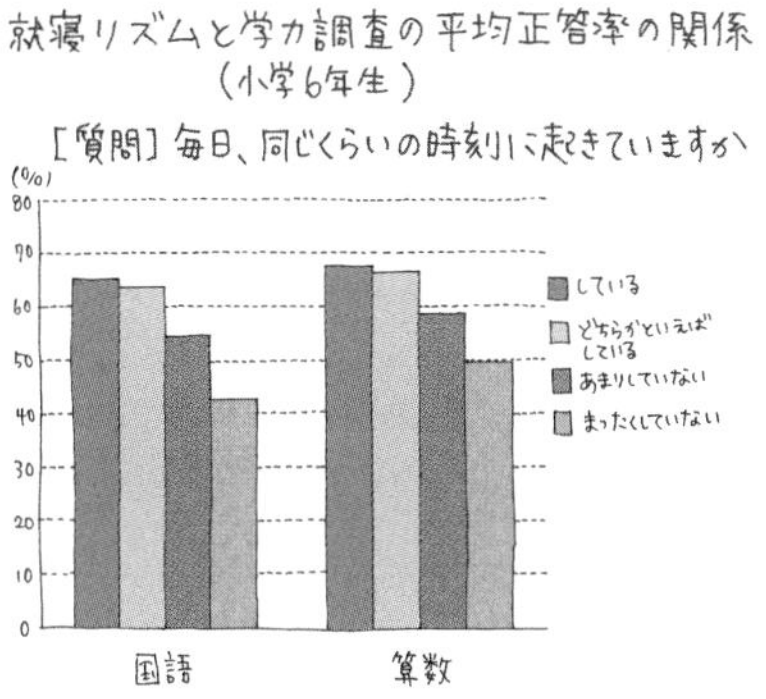

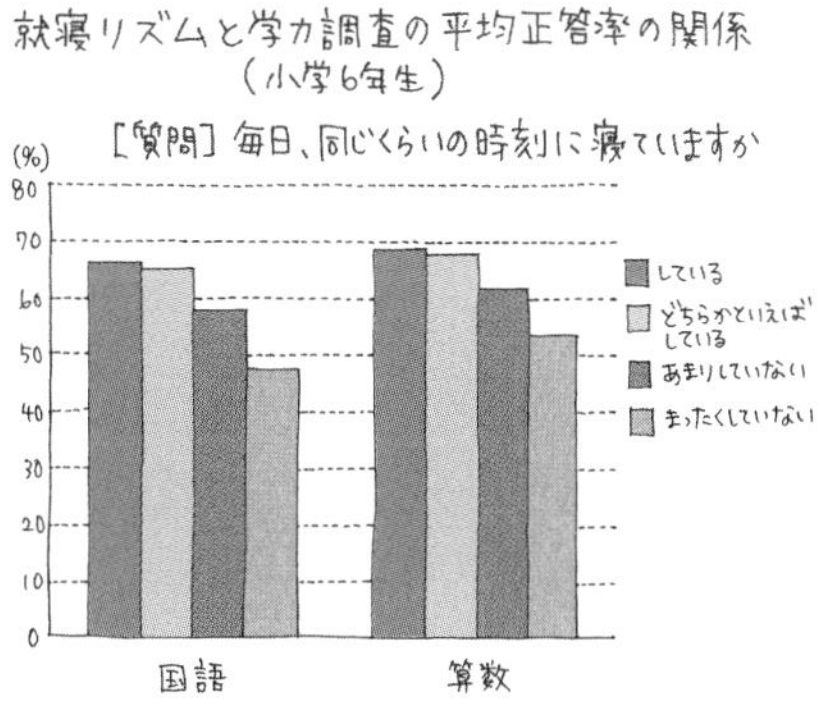

出典：文部科学省「令和元年度（平成31年度）全国学力・学習調査状況」より

睡眠時間が不足すると記憶力や判断力に影響する

必要と考えられている人間の年齢別睡眠時間（２０１５年米国国立睡眠財団公表）は、大人（18歳から64歳）で7〜9時間、6歳から13歳の子どもは9時間から11時間とされています（※）。

経済協力開発機構（ＯＥＣＤ）が加盟国の15歳から64歳を対象に行った平均睡眠時間の調査（２０２１年）では、**日本は7時間22分で、加盟30カ国の最下位。**

9歳から18歳の子どもを対象とした平日の睡眠時間の調査でも、ヨーロッパ諸国と比較して1〜2時間少ないというデータも出ています。日本は、大人も子どもも、世界で一番寝ていない国と言えるのです。

睡眠には、体が眠っているのに脳は起きている浅い眠りのレム睡眠と、脳も休んでいる深い眠りのノンレム睡眠の2種類があります。**記憶の整理と定着は、レム睡眠のときに**行われています。

眠ってすぐにノンレム睡眠が現れ、後半に進むにつれてレム睡眠の出現が増えていくのですが、レム睡眠は、ノンレム睡眠をしっかりとったあとに出現するため、十分な睡眠時間を確保しておくことが大切です。

なお、記憶した後にしばらく起きている場合と、記憶してすぐに睡眠をとった場合とでは、**直後に睡眠をとったほうが、記憶に残りやすくなる**という研究結果も出ています。

また、睡眠は、記憶の整理と定着のためだけでなく、成長ホルモンの分泌や脳と身体の疲労回復、免疫機能を高めるためにも必要なものなので、早く寝て十分な睡眠をとることを心がけましょう。

※睡眠時間には個人差があります

子どもを勉強嫌いにしないために

- 勉強ができない子には「わかる体験」をさせよう
- 勉強ができる子には「頭がいいこと＝かっこいい」と思わせよう
- 親の価値観を簡単には変えないこと

「自分はバカだ」と思う前に「わかる」体験をさせること

子どもが勉強嫌いになってしまうのは、「勉強がわからない」ことでみじめな思いを味わった体験がしこりとなっているケースと、「勉強ができる」ことで、面白くない奴とレッテルを貼られるなどした経験が影響しているケースの2パターンあります。

「勉強がわからない」といっても、たいていは学校の先生の教え方が悪いか、発達が追いついていないことが原因なので、子どもと一緒になって落ち込んだり、焦ったりする必要はありません。発達を待ちながら子どもに寄り添い、その子ができる問題を選んだり、教え方を工夫したりして、まずは「わかる体験」をさせてあげてください。「バカではない」ことを証明してあげましょう。

わかる体験で勉強が好きになれば、小学校での学習としては概ね成功です。それが中学、高校、大学になってからの学習意欲にもつながります。くり返し申し上げていることですが、勉強は無理やりさせるのではなく、好きにさせるためにどうすればいいかを考えましょう。

子どもの価値観を変える 勉強ができたほうがかっこいい

また、もう一方のケースでは、「勉強ができる」ことで目立ちたくない、仲間はずれにされたくないと、テストでわざといい点数をとらない子もいます。子どもは先生や親よりも、友だちにどう思われるかを気にしているものです。

ですから、「勉強ができるのはかっこいいことだし、クラスのなかで浮いてしまっているとしても、あなたは悪くないのだから気にしなくていい」ときっぱり言ってあげましょう。

そして、勉強のできる子がかっこいいと賞賛される世界があることを教

えてあげるべきです。実際、中学受験塾などでは、成績のいい子は他の子どもたちから憧れられる存在です。

また最近の学校教育では、勝敗や順位づけを避ける傾向にありますが、中学受験をするのであれば、「勝つこともあれば負けることもある」ということは体験しておいたほうがいいでしょう。中学受験塾へ行けば、当然、そういったことを経験できます。

さらに、親より友だちを気にするとはいえ、親の価値観による影響も無視することはできません。

例えば、クイズ番組などで活躍する東大生を見て「東大すごい、さすが！」と思うのはひとつの価値観であり、一貫していれば、子どもにも、「勉強して東大に行くこと＝かっこいい」と伝わります。ですが、東大出身の政治家や官僚がウソをついたり、改ざんをしたりしている姿に幻滅し、「東大を出てもこの有り様？東大なんて行かせないほうがいいのかしら？」などとブレてはダメです。

「東大」というブランドに対する気持ちが揺れるのもわかりますが、政治家などの不祥事は、往々にして東大出身であることが悪いわけではなく、組織が人間を腐らせていることによって起きているものですから、それとこれとは分けて考えるべきでしょう。親がブレていると、子どもも迷ってしまいます。

勉強ができる・できないで子どもへの愛情を変えない

東大出身にマザコンが多いといわれるのは、親が多くの時間を割いて子どもの勉強と向き合ったことで、愛情を受けて育てられたと感じやすいからかもしれません。

一般に、子どもは自己愛が満たされているほうがまっすぐに、素直に育つといわれます。

一方で、東大生のなかには、自分が親に愛されたのは「勉強ができたからだ」と思っている人も少なくありません。裏を返せば、「勉強ができない自分は誰からも相手にされない、価値のない人間だ」と思い込んで育っているとも言えます。

ですから、勉強で挫折した途端に、自分の価値を見出せなくなり、ネガティブでひねくれた性格の大人になってしまう可能性が高くなります。**親は、子どもの勉強ができる・できないにかかわらず、同じだけの愛情を注いであげることが大切**です。

得意なものを磨いて伸ばしていく

☑ 子どもの長所を見つけて伸ばしていく

☑ 「褒める」より、「勇気づけて自信をもたせる」ほうが人は育つ

「できる」の好循環と「できない」の悪循環

私は、小学校のお受験にはどちらかというと否定的です。これまでも子どもの気持ちなどお構いなしでエキサイトしている親を数多く見てきました。熱心なあまり、子どもに手をあげたり、夜遅くまで勉強をさせたり。教育虐待と言われても仕方のないようなことをしておきながら、なぜか「受験のため」であれば許されると思ってしまっているのです。

子どもは、「できること・好きなこと」であれば、放っておいてもやるものです。もし、勉強を「泣いて嫌がっている」としたら、その子にとって勉強は「できないこと」であり「つまらないこと」なのでしょう。そんな子に、「できるまでやらせる」という教育的指導は、むしろ逆効果でしかありません。

嫌なことに時間を割くくらいなら、その子の好きなこと・得意なことを思う存分やらせて、その能力を伸ばしていくほうが、よほどコスパのいいやり方だと思います。

ところで皆さんは、わが子の好きなこと、すぐに答えられますか。

小学校のお受験では、たいていの学校が「子どもの長所」を聞いてきます。お受験に否定的ではありますが、この点は評価しています。親は、どうしてもわが子の短所（＝できないこと）にばかり目が行きがちです。そんな親たちの視点を転換するきっかけになっていると思うからです。

親が子どもの長所を知っていることは、その子の能力を効率よく伸ばしていくためには欠かせないポイントとなっているのです。

「褒めて伸ばす」のではなく「勇気づけて自信をもたせる」

『嫌われる勇気』（ダイヤモンド社）で知られるアドラーは、同時代に生

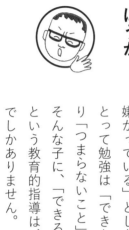

きたフロイトやユングとともに「心理学の三巨頭」と呼ばれていた心理学者の一人です。

フロイトやユングが、人には誰かに認めてほしいという気持ちが備わっているので、「褒める」ことは人を育てるうえで有効であると考えついたのに対し、アドラーは違います。人は褒められると、もう一度褒められたいと思って行動するようになるため、親子であれば、親が子どもをコントロールすることにも、子どもの自律性を奪うことにもつながってしまうというのです。

ですから、テストの結果のみを評価して「褒める」のではなく、その過程にも目を向けて、「がんばって勉強していたね」などと「勇気づけてあげる」ことのほうが大切であると主張しました（42ページ）。

勇気づけられた子どもには自己肯定感が育まれ、進んで勉強に取り組むようになるはずです。

得意科目に磨きをかければ大学受験でも役に立つ

得意なことはやらなくてもいいのでは、という人もいますが、それは違います。

英語が喋れるようになって日本に戻ってきた帰国子女が、受験で得点を稼げないことはよくあります。受験英語は別ものなのです。せっかく長文英語を読んだり、書いたりできるのだから、その利点を生かして受験英語の勉強をすれば、完璧な得意科目にできるはずです。

このように、この科目は「できる」と思ったら、苦手な科目をカバーできるくらいまで得意な科目に押し上げておくといいでしょう。

大学受験では、科目ごとではなく、すべての受験科目の合計で合格が決まるので、圧倒的な得意科目があるほうが有利なのは言うまでもないことです。

合格点主義で合格最低点をクリアする

慶応大学法学部法律学科の2010年度入試を例に目標点を260点に設定の場合。

※地理歴史は日本史・世界史から1科目選択。

年度入試	試験科目	配点	受験者平均点	合格最低点
2010	外国語（英語）	200	113.46	255
	地理歴史（日本史）	100	44.88	
	地理歴史（世界史）	100	58.82	
	論述力	100	51.05	
	合計	400		

	英語	地理歴史	論述力	合計
英語重視！	150	50	60	260
地理歴史と論述重視！	100	80	80	260

成績が悪いのを子どもや遺伝のせいにしない

- 子どもに合った「勉強法」を見つけること
- 頭のよさは「遺伝」の影響より「技術の継承」がカギとなる

日本の教育の問題点はやり方を教えないことにある

子どもの成績が悪いとき、子どものせいにしていては解決しません。子どもの劣等感を高めてしまうだけです。そもそも日本の教育には「できないことをできるようにする」という意識が圧倒的に足りません。

これは、体育教育の実態を見れば明らかです。例えば、逆上がりができない子がいたとします。多くの学校で、放課後に居残り練習をさせるなど「できるまでやらせる」といったことを当たり前のように行っていました。これが問題なのは、具体的な逆上がりのやり方を教えていないことにあります。それでは、いくら時間をかけてもなかなかできるようにはなりません。

さらによくないのは、そんな子を「お前はダメだな」と切り捨ててしまう先生がいることです。どうすればできるようになるのか、一緒になって考えてくれる先生がいないことは大問題だと思っています。

だからこそ、先生の代わりに親が教える必要があります。昨今、わかりやすい問題集や参考書が多数出版されていますから、それらをうまく使って、**子どもの特性や理解に合わせて教えていくほうが、確実に実力をつけていくことができる**でしょう。

小学生の子どもは、そのほとんどが自己流で勉強をしています。もっといいやり方があることを教えてあげてほしいのですが、親の経験には限りがありますし、非効率的な勉強法が多いようにも思います。

勘違いしないでいただきたいのは、和田式勉強法がベストだと言っているわけではありません。いろいろな情報を得られる時代ですから、成功した人の経験から学ぶのもいいでしょう。大切なのは、ひとつのやり方に固執しないことです。そして、子どもの力を信じてあげてください。信じてあげることができれば、子どもは必ず応えてくれるようになるはずです。

もちろん、親の立場で教えると感情的になりやすいというデメリットがあるのもたしかです。どうしてもうまく教えることができないのであれば、個別に子どもと向き合ってくれる家庭教師を探してみるのもいいでしょう。

遺伝がすべてではなく勉強法の継承がカギとなる

東大卒の親をもつ子が東大に入りやすいのは、親が東大向きの勉強法をもっていて、その技術を子どもに継承しているからであって、遺伝の影響がすべてではありません。

これは、遺伝子がほぼ一致している一卵性双生児が、異なる環境で育った場合の知能指数を比べた実験をはじめ、さまざまな研究結果からも明らかにされています。それによると、「遺伝」と「環境」の影響の割合はほぼ50％ずつといわれます。

ですから、親が高学歴の子が受験勉強でうまくいっていないのであれば、その原因は、親が忙しすぎて「技術＝勉強法」を継承できていないか、その親が特別な勉強法をもっていないか、このいずれかであると考えられます。

ぼくは勉強が得意なんだ！
ぼくはサッカーが大好き！

根性論で成功した親は努力主義に陥りがちで、和田式のような「効率のよい勉強法」を否定する傾向があります。しかし、努力しても成績が上がらなければ子どもの自己肯定感はますます下がり、モチベーションを維持するのは難しくなります。

また、親世代と子ども世代では、時代も大きく変わっており、受験勉強に対する意識も違います。「努力が足りない！」という叱咤激励も、子ども世代にはまったく響きません。根性論には頼らないことです。

名門塾信仰も危険です。というのも、名門塾の多くは努力主義で、受験校の傾向を掴んだ対策を講じているわけでも、一人ひとりの子どもに合った教え方をしてくれるわけでもありません。なので、どんな名門塾でも、その子に合っていなければ成果は期待できません。もともとできる子の成績を伸ばすことはできても、できない子を引き上げてくれる場所ではないと言えます。

塾に通わせても成績が上がらないようであれば、塾を替えることも視野に入れてみてください。

学習に関する叱り方の原則

- ☑ テストの点数や学習時間だけで判断しない
- ☑ 叱る前に原因を分析する
- ☑ 子どもの責任にせず、成功を信じて前向きに叱る

どんな成果も「褒める」という原則

テストで何点以上をとれたら、お子さんのことを褒めますか？

成績が上位にいることに慣れてしまって、90点とれているのに「もっとやっていたら100点だったよね」などと言って首を傾げていたとしたら、それは反省すべきことです。

もっとやっていたら、という見方は言葉を返せばサボっていたと決めつけているも同然です。ベストを尽くした本人にしてみたら、モチベーションが下がって、今後の結果にも響きかねません。信頼関係も揺らいでしまいます。親の目にはあまり勉強をしているように見えなかったとしたら、それは学習時間ではなく要領がとてもよかったということです。褒められれば、さらにいい結果へとつなげられることでしょう。

テストの点数は「成果」です。何点であろうと、取り組んだことをまずはきちんと評価し、高得点なら無条件に褒めるべきです。たとえ60点、70点だったとしても、ものすごく意地悪なテスト問題で、平均点が50点というような場合もあるかもしれません。早合点は禁物です。

日々のテストの点数に一喜一憂するのではなく、成果を積み上げていくのだということを忘れずに、伴走することが大事です。

叱る前に原因の分析を

なかなか思うように成績が上がらず、中学受験の挑戦が厳しいものになって焦りが出てくると、お子さんに対して厳しいことを言いたくなる親御さんの気持ちもわかります。けれども「勉強しなさい！」と頭ごなしに叱りつけても、本人は勉強しているつもりでいますから、反感を買うばかりでなく「もう中学受験なん

てしない！」と投げ出したくなると思います。まずは、どうして成績が上がらないのかを分析して方向性を示すことが先決です。

　例えば、約束した時間を過ぎてまでゲームをしていたり、タブレットで調べものをしていると見せかけて、SNSで友だちと盛り上がったりしている、あるいは勉強には集中できているけれど、机の周りが教材で散らかったままで、塾への提出書類を忘れて行ったり、学校からのお便りを出さずにいたりすることが多いなど、その場で叱っても改善はされにくいでしょう。親の目が届くようにリビングルームに学習スペースを設ける、タブレットではなく、家族が使っているパソコンを使ってもらう、といった策も講じながら話しましょう。

　子どもの年齢が低ければ低いほど、改善の方向性は「何を」だけでなく、より具体的に「どうする」までを示すことが必要です。

失敗を生かして成功に導く

　受験のための模擬試験などは、ミスのパターンを見つけるための一番の資料です。早とちりで落としている点数は意外と多いですし、失敗はくり返しやすく、間違えるクセのようなものも見えてきます。**勉強を先に進ませることばかりに気を取られがちですが、失敗を放置することこそ、失敗のもと**です。

　塾の専門家の意見なども聞きながら悪いクセをあぶり出して、ちょっとしたミスを確実に得点に変えるようにしましょう。学年を戻って単元をやり直すことも必要になるかもしれません。「こんなところで点を落とすなよ」「学年を戻るなんて、情けないわね」などと劣等感を与える叱り方は厳禁です。あなたには才能がある、センスがあるという敬意をもって、失敗を成功につなげましょう。

子どもの褒め方の原則

- ☑ 結果は無条件に褒める
- ☑ 何がよいのかを具体的に言葉にして褒める
- ☑ 褒めた後の変化によって対応を見直す

子どもを褒めることの意義

日本人は、謙遜することを美徳とし、自分や身内のことを卑下する傾向が強いです。相手を立てるという精神は否定しません。けれども、自信と自己愛に満たされていないと、今のストレス社会では余裕がもてず押しつぶされてしまいます。自信と余裕があってこその「建て前の謙遜」です。子どもは卑下する対象ではなく、むしろ未熟であればあるほど、褒めることが意味を成すと私は考えています。

「褒めて育てる」「褒めると伸びるタイプ」などと表現されますが、道理がわからない幼児であっても、褒められることで、自分はよいことをしたのだと理解しますし、喜ぶ親の表情を見て、もっと喜ばせたいとくり返しやって見せようとします。

皆さんも、お子さんが幼いころは「すごい！」「できたね！」と、何かにつけて褒めていたと思います。それが成長するにつれて、できるのが当たり前となり、褒めずにダメ出しばかりをしてはいませんか？

社会性を身に付けるうえでも、学習やスポーツに取り組むうえでも、自信をつけさせること、自分の長所を自覚させることはとても意味のあることです。特に受験に挑む場合には、一番近くにいる家族がしっかりと子どものがんばりを褒めてあげることで、子どもの自己愛は満たされ、精神的にも安定してパフォーマンスの向上にもつながります。褒めることは、家族だからこそできる最良のサポートです。

よい行いをしたときの褒め方のポイント

いざ、褒めようと力んでしまうと、妙にぎこちなくなってしまうものです。とにかく何でもいいから褒めた

り、大げさに反応しすぎたりすれば、お世辞に聞こえて、むしろバカにされているように感じてしまいます。

　自然に褒めるためには、日頃からよく観察することが大事です。おつかいに行ったり、電車で席を譲ったり、通路をふさいでいる自転車やゴミを寄せたりといったわかりやすい善行に注目しましょう。それだけでなく、例えば学校や地域の行事で小さい子にやさしく接している表情など、よく見ていないと見逃しがちな、お子さんなりの気配りが感じられる瞬間もきっとあるはずです。

「とっさに他人に親切にできるって、かっこいい。パパも誇らしいよ」

「あの1年生の子、あなたにサポートしてもらって楽しそうだった。教えるのが上手だよね」

　褒めるときには、具体的に何がどうよいのかを言葉にして伝えることで、お互いに満たされた気持ちになると思います。

　また、悪いことをしてしまったときでも、ごまかさずに話してくれたら、正直に話した行為自体は褒めてあげてほしいと思います。

　思春期を迎えるころには親への秘密が増えてくるので、親に何でも話せる関係を、少しでも長く維持することにつながるでしょう。

よい成績をとったときは無条件に褒める

　テストでの高得点や検定試験の合格など、喜ばしい結果に対して「調子に乗ると、すぐ下がるぞ」とか、「この問題を落とすのはもったいない、もっと余裕で合格できたはずだよ」などと余計なことは言わずに、即座に褒めましょう。

　学習を積む必要があることは本人もわかっていますから、この程度では満足していない、というような親の反応はやる気を削いでしまいます。

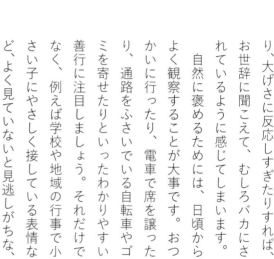

高得点をとれたり合格できたりした時点で、そこに達したこと、維持していることは素晴らしいことなのですから、無条件に褒めてあげるべきです。

　そして、手応えを得たときにこそ、勉強が得意なことが、将来どのように生かされるのか、どれだけかっこいいことなのかを伝えましょう。

　かつては、勉強が得意な人は、医者・弁護士を目指そうとするのが典型でしたが、今は宇宙ビジネスなどにみられるように、科学技術の発展がめざましい時代です。医療界も法曹界もこれからはＡＩが導入されて、どんどん変化を遂げていくでしょう。

　そんな現代において、どのような勉強を積んだら、どんな世界で活躍できるか、夢を具体的に描くきっかけにするといいと思います。

成績で結果を出せなくても褒めるところを探す

　褒めるために、日ごろからお子さんのことを観察するということでは、学習面においても同じです。塾の講師のアドバイスをよく理解して自分なりに実践したり、今までより復習を丁寧にくり返したり、ゲームの時間を自分から減らすなど、努力する姿勢が見えてくるはずです。

　そういうがんばりを、本人は褒められたいと思っています。**子どもにとっては模擬試験で合格圏内のＡ判定をもらえることよりも、親に認めてもらえることのほうが、よっぽどうれしいことであり、重要なことです。**

　たとえ点数や結果などに、目に見えて反映されなかったとしても、努力する才能があるのですから、そこは褒めてあげましょう。また、あまり勉強していないのに、たまたまヤマが当たって高得点がとれたのだとしても、勘のよさは一種の才能ですから、センスのもち主だと評価していいと思います。

　努力派も、センス派も、親に認められたことで、よりたしかな結果につなげられるように、ますます励むことでしょう。

本音で褒めながら建て前も伝える

成績がいいと、学校でいじめの対象になりやすい傾向があります。本人にまったく否がない場合でも、一方的にひがまれて攻撃を受けることもあれば、本人が周囲に自慢しまくったり、ひけらかしたり、上から目線で他の生徒を見下したりなど、鼻につくような態度で反感を買うケースもあります。

家のなかでは、多少増長するくらい褒めていいと思います。けれども、外ではひがまれたり、性格が悪いと見られて嫌な思いをしたりすることもあるという理由を説明し、**外では必要のない自慢は控えたほうが賢明だということを教えましょう。**

家では本音で褒めているし、本気でうれしいということを子どもに伝えたうえで、外では建て前として自慢はしないという親の姿勢を見せれば、ちゃんと気持ちは満たされますし、良好な人間関係を維持するノウハウも学べるようになります。

褒めた後の結果もしっかり見る

子どもに限らず、多くの人は褒められることでモチベーションが上がり、よい結果につながりやすいものです。しかし、褒められたことで慢心して手を抜くタイプの人や、尻を叩かれたほうが「なにくそ！」と力を発揮できるタイプの人もいます。

スポーツの名監督などは、選手のタイプを見極めた指導で、個々の才能を最大限に引き出します。

学習も同じで、どのようなかかわり方がその子にとって一番適しているのか、褒めた後の変化を観察して見極める必要があるでしょう。厳しい学習指導やサポートが向いている場合にも、子どもの反応を見ながら合わせていくことが大切です。

折れない心を育てる勇気づけの原則

☑ 自分自身に価値があると思わせる
☑ 他人の評価を気にしない
「共同体感覚」を獲得する

自己啓発の源流 アドラー心理学とは

心理学や精神医学を学ぶ人にとって避けては通れない「心理学の三巨頭」が、フロイト、ユング、アドラーです。同じ時代を生きた三者ですが、人間の性格や性質は、その人の過去の経験や育った環境の影響を受けた〈無意識〉の領域で決められるという「運命論的な人間観」を主張するフロイトとユングに対し、アドラーの考え方は違いました。

アドラーは、人間を〈意識〉と〈無意識〉とで分けることを否定し、人間の運命が過去の外的要因によって決まるという考え方に異議を唱えました。そして、人間の性格や人生は、過去に縛られるものではなく行動や感情に備わる〈目的〉を見つめ直すことで変わり得ると主張しました。

前者の無意識の学説は、現在のカウンセリング技法の源流であり、意志の力で性格や人生を変えることができるというアドラーの学説は、現在の自己啓発の源流といえます。

アドラー心理学における「勇気づけ」とは

アドラー心理学のなかでも、特にキーワードとなるのが「勇気づけ」です。この場合の「勇気」は、私たちがイメージする「勇ましさ」とは違い、自主的に課題に取り組めるようにすることであり、また、自分自身に価値があると思えるようにすることで、「困難を克服する活力」を与えることを指しています。

アドラーが体験した勇気づけの例を次のページから詳しく3つ紹介します。

1と2は、自身の小さいころを大人になって振り返ったものです。親が子どものありのままを認めて、価値があることを示し続けたことで、アドラー自身も、すべてを受け入れ

アドラーの体験した勇気づけ 1

私の親は、自分のありのままをいつも認めてくれようとしていた。何かができようができまいが、自分の価値に変わりはないことをいつも親が態度で示してくれたので、ずいぶん安心感をもてるようになったと思う。だから、成人した今、自分に不完全な部分があろうとも、そんな自分もまたよしと、自分のことを受け入れる心の余裕があるのではないかと思う。

る心の余裕ができたことを実感しています。また、親に嘘をついたり、約束を破ったりもしたけれど、常に信頼し続けてくれた親の存在が、自分を律する意識を芽生えさせたとしています。

そして3は、自分が世のために役に立っている、自分の貢献を待っている人がいるという状況に身を置くことで、自身を勇気づけています。

アドラーが見せた子どもと対等な立場での対応

『アドラーの思い出』（創元社）という本で紹介されているエピソードですが、アドラーが知人宅に招待されて訪問した際、知人ら大人3人で一度外出して戻ると、知人宅の幼い息子が居間の床いっぱいにおもちゃを散らかしていました。

それを見た母親が、今にもイライラを息子に向けようとしたとき、アドラーがその子に歩み寄り、やさしく彼を見て「上手におもちゃを広げたね。同じように上手におもちゃを集められるかな？」と語りかけました。すると1分も経たずに、その子は元の棚におもちゃを片づけました。

アドラーは、初めて会った子どもに対し、その子の可能性を信頼して、対等の立場で向き合い、自身で問題を解決する力を引き出したのです。

同じ状況で、皆さんならどのような反応をしたでしょうか。

「褒める」「叱る」は同類「勇気づける」は異なる

アドラーの勇気づけの概念は、尊敬・信頼・共感がベースとなっています。困難を克服する活力を与えることで、自律的にする勇気づけに対して、アドラーは「褒める」「叱る」という行為はやってはいけないと説いています。

なぜなら、褒めることで子どもは親への依存心を強め、褒められるた

アドラーの体験した勇気づけ 2

私のありのままを認めてくれる親は、言い換えれば、いつも自分を「(無条件で)信頼」してくれていたのだと思う。小さいころは、ちょっとした嘘をついたり、約束を破ったりすることもあったのだけれど、それでも「あなたを信じるよ。いつかできるようになると思うよ」と言われ続けると、さすがに「裏切れないよな」という気持ちになったのを覚えている。

めだけに行動するようになり、また、叱ることは力で押さえつけるだけで、子どもは叱られないために行動するようになる、というのがアドラーの考えです。

「褒める」と「叱る」は、相対するようでいて、両方とも自主的に課題に取り組む「勇気づけ」とは、かけ離れているということです。

自分を賢いと思わせるために褒める

アドラーの考える、褒めることの弊害について考えると、たしかに、褒めないとやらないような「指示待ち人間」になるのはよくないことです。しかし、勇気づけにつなげるための手段として褒めることは、意味のあることだと私は思います。

褒めることで、自分は賢いんだと自信をもてるようになれば、学ぶことが楽しくなって、自主的にチャレンジできるようになります。賢いと信じていれば、うまく結果が出ないときでも、自分の価値を信じて折れずに立ち向かえると思います。

私の弟がまさにそうでした。出来のいい兄(私)のようにはいかず、あらゆる場面で苦戦しましたが、それでも母親は弟を褒め、本人も自分は賢いと信じ、積極的に挑戦を続けて、東大文Ⅰに現役合格しました。在学中に司法試験に合格し、成績トップで留学組となり、現在に至るまで出世競争を生き延びています。

長所を発見させる
長所に気づかせる

自分自身に価値があると思えるようにするためには、自分をよく知る必要があります。

自分の短所はいろいろと言えるものですが、長所は意外に気づかないものです。特に本人が当たり前だと感じていることや短所だと感じている部分も、捉え方次第で長所にも、特別なことにもなり、それは立派な価値です。

友だちが多ければ、コミュニケーションやおしゃべりが上手いとか、ノートを貸したり勉強を教えたりして慕われている、などの人間性が見えてきます。友だちが少ない、仲間はずれにされている場合でも、「無理に周りに合わせようとせずに自分をしっかりもっているって、すごいよ」という解釈で褒めることもできるでしょう。

親が子どもを観察して、あなたのここが素晴らしい、価値がある人間だと思えるところを見つけて、ぜひ気づかせてあげてください。

他人の評価を気にしない「共同体感覚」とは

アドラーは、村意識のような同調圧力下では心が折れてしまいがちだけれど、「共同体感覚」をもつことで、他人の評価を気にせず、生きやすくなると説いています。

この共同体感覚とは、他者を信頼でき（他者信頼）、そんな信頼できる他者のために貢献しながら（他者貢献）、自分がありのままでいられる居場所がある（自己受容）状態が保たれている状態のことです。下に記した「アドラーの体験した勇気づけ3」の感覚が、まさにアドラー自身が共同体感覚を発揮できる場で実感した喜びなのでしょう。

共同体とは、身近なところでは家族であり、親戚や、学校のクラス、学年、学校全体、地域、日本、世界といくらでも広がります。クラスのなかで受け入れられないと感じるのであれば、より大きな共同体で考えればいいということになります。

他者貢献に喜びを感じることができるように、共同体感覚の獲得を目指すことが、折れない心に通じるだろうと思います。

アドラーの体験した勇気づけ 3

信頼できる周囲の人たちの役に立ちたいと思う。そして皆から「ありがとう」と感謝されると、自分の貢献が確認でき幸せな気持ちになる。「自分がそうしたいと思うこと、イコール、誰かの役に立つこと」と感じられるようになったので、特に自己犠牲を感じながら何かをするということもない。「ありがとう」と感謝されるまでもなく、自分の存在が、そこにいるだけでも役に立っている、価値があるという実感をもてていると充足感を感じる。

中学受験をどう考えるか

- 中学受験で基礎学力と学習習慣が身に付けられる
- 中学受験に向いている子と向いていない子がいる
- 親がエキサイトしすぎないことが大切

中学受験に向いている子と向いていない子の違い

中学受験は、「子どもが行きたがっている」「親として行かせたい学校がある」などの強い思いがあるのならば、挑戦する価値はあると思っています。というのも、中学受験のための勉強をすることで、基盤となる計算力や読解力、漢字力、語彙力などの基礎学力が身に付くうえに、学習の習慣づけにもつながるからです。

ただし、中学受験では、ひらめきやセンスを必要とするハイレベルな学力や抽象思考力などが求められるため、子どもの発達や性格によっては向いていない子もいます。

残念ながら、発達の遅い子は不利になってしまうのが中学受験の現実です。9歳の壁を越えていることは必要条件と言えるでしょう。壁を越えていても、覚えものが得意な子、ひらめきが得意な子、心情読解が得意な子など、能力特性は一人ひとり違います。子どもの能力特性に合った出題傾向の学校を選ぶのも、中学受験では重要です。

そのうえで、性格的には負けん気が強く、競争好きなほうが向いています。プレッシャーに弱くて傷つきやすい子は、受験に失敗してしまったときに耐えられないかもしれません。そういう子にわざわざ無理をさせることはないだろう、というのが私の考えです。

もちろん、受験に挑戦することで健全な競争心が培われることもあります。合格できれば、大きな自信となり、さらなる向上心も生まれます。子どもの性格や特性を考慮した選択をしてあげましょう。

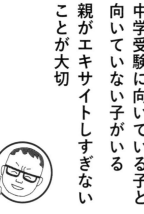

エキサイトしすぎは教育虐待のリスクとなる

中学受験では、親が陥りやすい問題があります。例えば、受験塾の「信者」になってしまう危険性です。塾が勧めてくる勉強法や学校は、あくまでも塾の都合です。言われるままに従ってしまうのは、その子のためにならないこともありますから要注意です。

　また、親が勝手に抱いているバイアスに子どもを巻き込んではいけません。勉強ができなくて苦しんでいる子に「なんでできないの！」と手をあげたり、できるまで食事をさせなかったり。これらは明らかに教育虐待です。熱心さのあまり、やってしまいがちなことだけに、親は自らの態度に自覚的であることが求められます。

　くり返し申し上げていることですが、**中学受験で失敗したからといって、その子の人生が終わるわけではありません。目標設定を大学受験におけば、中学受験のタイミングで焦ることはなくなります。**

　中学受験にエキサイトしすぎると、合否にかかわらず、深刻な副作用が生じる可能性があります。怒られてばかりで勉強嫌いになったり、コンプレックスを感じやすくなったり、なかには燃え尽き症候群で受験以降まったく勉強をしなくなってしまう子もいます。誰のための受験か、親は立ち止まって考えることが大切です。

せっかく受かった学校に馴染めないこともある

中高一貫校のほうが余裕をもって大学受験に備えられます。その優位性を得たくて中学受験をする人が多いと思いますが、なかには、通っている小学校で優等生であることを理由にいじめられたり、煙たがられたりしている状況を変えたくて、地元の公立中学への進学ではなく中学受験を選ぶ子もいます。

　しかし、せっかく受かった学校の文化に馴染めないこともあるかもしれません。**中学受験ひとつで、それまで抱えていたさまざまな問題が、きれいさっぱり解決されるようなことは、あったとしても稀なこと**です。

　地元から離れたくて選んだ中高一貫校との相性がよくなかったとしても、よほどのことがない限り、学校を替えることは難しいでしょう。

　このような事態を避けるためにも、受験する学校については十分に調べておくことが大切です。学校の雰囲気（校風）や先生の質などは、調べればある程度はわかるはずです。

志望校をどう選べばよいか

- 志望校は、子どもとの相性を見極めて選ぶ
- 偏差値と体感難度は一致しない
- 中高一貫校と附属校、それぞれの特徴を知る

ブランドで選ぶのではなく子どもとの相性で決める

中高一貫の名門校にこだわるあまり、ギリギリでもとにかく受かればいいという考え方はリスクを伴います。

入学時の成績がビリでも、そこから這い上がって上位を目指す、そんな気概のある子ならば心配ないのですが、たいていは勉強がわからなくて苦しい思いをしたり、成績が悪いことでバカにされたりといったことが続き、すっかり自信をなくしてしまいます。がんばって勉強して入った名門校のメリットを享受できないまま、劣等生として落ち着いてしまう子も少なくありません。

中学受験の学校選びは「子どもとの相性」をしっかりと見極めることが何より大切です。

名門校とされる学校では、「成績がよいほうがかっこいい」という価値観が共有されており、勉強をがんばりたい子にとっては過ごしやすい環境であることは間違いありません。しかし、その校風は学校によって異なります。

ですから、志望校を選ぶ際には、子どもと一緒に学校の文化祭や説明会に行ってみることをお勧めします。通っている生徒たちや学校の雰囲気を実際に見たうえで、子どもがどう思うか、聞いてみてください。自らの意思で「行きたい」と言うようになれば、勉強もがんばるはずです。

偏差値よりも体感難度を重視する

志望校を選ぶ際に無視できないのが「偏差値」です。偏差値とは学力のレベルを表す評価基準のことで、50が平均値です。ただし、偏差値は同じ内容のテストでも、そのテストを受けた生徒の学力や人数によって違ってきます。偏差値とテストの難易度は必ずしも一致しないのです。

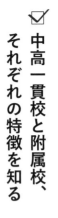

例えば、算数が得意で国語が苦手な子にとっては、算数の問題が難しくて国語の問題が簡単なテストであれば「やさしい」と感じ、その逆は「難しい」と感じます。これが、「体感難度」です。

一般に偏差値60と聞くと難関校と思ってしまいがちですが、出題傾向や配点によっては、偏差値60に届いていない子であっても「やさしい」と感じることはあり得るのです。偏差値だけでなく体感難度を考慮した学校選びを意識してください。

大学の附属校や公立の中高一貫校という選択肢

受験の負担を軽くしてあげたいという親心から、大学の附属校を選びたくなる気持ちはわかります。ですが、附属校への進学は、子どもの能力を中学受験の時点で決めてしまうことでもあります。子どもの伸びる可能性を奪うことにならないか、しっかり考えたうえで選択するべきでしょう。

また、附属校の内部進学では、内申点が重視されるため、まじめで従順なタイプが評価されやすくなります。発達の凸凹があるとか、強い主張のある子にとっては窮屈に感じるかもしれません。子どもの特性に合っているかどうかも、大切な見極めポイントのひとつです。

2023年　東京都立中高一貫校
東大合格者数(現役)トップ3

- 小石川 16名（卒業生 160名）
- 都立武蔵 9名（卒業生 160名）
- 両国 6名（卒業生 180名）

ちなみに、内部進学で理学部や医学部を目指す場合には、その条件はかなり厳しく、外部受験よりかえってハードルが高くなってしまうこともありますので、事前によく調べておくことをお勧めします。

一方、文科省主導で1999年に導入された公立の中高一貫校は、併設型と中等教育学校の2タイプあり、進学実績も悪くありません。

私立と比べて学費が安く抑えられる（中学3年間は無料）ので、ダブルスクールで大学受験に備えることも可能です。ただし、中学受験での競争倍率は意外と高く、入学試験では「適性検査」や「作文」を採用している学校が多いため、相応の対策が必要でしょう。

名門校を目指すのか、附属校や公立校から選ぶのか、よく考えて決めることが大事です。もちろん、中学受験をしないのも、ひとつの立派な選択です。

中学受験で親のできること

- 子どものやる気を引き出す処方箋を知っておく
- 受験の計画は塾任せにせず、親が立てる
- 音読や計算が脳のウォーミングアップになる

中学受験における親の意味 経済力より情報力が役に立つ

中学受験では、親の経済力や情報力が子どもの合否に影響すると考えられています。

特に経済力のある親は、その力を使えば子どもを名門校に行かせることができると思い込んでいる傾向がありますが、受験をするのは子どもであり、親ではありません。くれぐれも勘違いしないことです。

とはいえ、受験では情報をもっているほうが有利になるのはたしかです。手を尽くし、できるだけ多くの、かつ有用な情報を集めましょう。

また、小学生の子どもは成長過程にあり、その心理はとても不安定です。受験本番までは「成績が上がらない」「得意科目で点がとれない」といった想定外のことも起こるでしょう。大事なのは、日常の変化に親が一喜一憂しないことです。子どもが自信をもてず落ち込んでいるようであれば、「成績は上がったり、下がったりするものだから、焦らなくて大丈夫」と勇気づけてあげてください。

子どものやる気を引き出すためにできること

もともと勉強が大好きでない限り、本人のやる気だけに任せていては、なかなか勉強してくれません。

褒められるとやる気を出す子、強制されたほうががんばれる子など、やる気のツボは、一人ひとり違います。いろいろなやり方を試して、わが子独自のやる気スイッチを見つけましょう。

ここでは、そのヒントとなる「やる気の処方箋〜モチベーション・マネジメントの3つの法則〜」を紹介します。親がやる気アップのための処方箋をひとつでも多くもっていることに意味があります。

やる気の処方箋
～モチベーション・マネジメントの3つの法則～

その1 希望の法則

1．がんばればうまくいく
①明確なフィードバックをくり返す
②フィードバックのTPOを考える

2．十分にやれそうだ
①達成可能な到達目標を設定する
②下位目標の設定を工夫する
③気が楽にもてるように原因を解釈する

3．何をどうすればいいかわかる
①手本を目に見えるかたちで示す
②自分が使っている方略を自覚させる

その2 充実の法則

1．面白い・確実に成長している
①面白みを発見させる
②成長が実感できるような目標を設定させる
③being目標とbecome目標の両方をもたせる

2．自分で決める
①意思決定に参加させる
②積極的になっている部下を下手に褒めない
③思い込みでも、元気のいいときはそのままに

3．期待されている
①人より優れていると思わせる
②ピグマリオン効果（※）を利用する
③「期待されているからこそ」と思えるように叱る

※他者から期待されると成績が向上する現象

その3 関係の法則

1．安心できる
①意思決定のよりどころをハッキリと示す
②この人と仕事をすれば大丈夫だと思わせる
③不合理な不安を解消させる

2．関心をもたれている
①自分は評価されていると思わせる
②メンバーに「人」として強い関心を寄せる

3．一体感がある（集団心理）
①アイデンティティを感じさせる
②そこにいてもいい仲間と思わせる
③メンバーをきちんと褒める
④集団心理にメンバーを巻き込む

出典：『部下のやる気を2倍にする法 できる上司のモチベーション・マネジメント』和田秀樹他著（ダイヤモンド社）

中学受験の計画を塾任せにしない

中学受験をすると決めたら、受験本番から逆算して計画を立てましょう。志望校を決める、過去問を分析する、塾や家庭教師を検討する、子どもに合った勉強法や指導法を探す、わかりやすい学習参考書を手に入れる……考えるべきこと、やるべきことはたくさんあります。

受験の計画を塾任せにするのではなく、子どもの発達や能力特性・性格を一番よくわかっている親が一つひとつ決めていくことが重要です。

そこで、ぜひ参考にしてほしいのが、『受験計画の立て方』（ブックマン社）です。和田式の極意を凝縮した9つの【受験計画アプリ】を利用すれば、学校のスケジュールや模試、志望校の日程に合わせたオリジナルの計画を作成することができます。三日坊主の返上に大いに役立つ一冊です。

そしてもう一冊、大学入試の過去問題集である「赤本」を使った勉強法や計画の立て方などをまとめた『赤本の使い方』（ブックマン社）も併せて紹介しておきます。中学受験にも、きっと活用していただける内容となっているはずです。

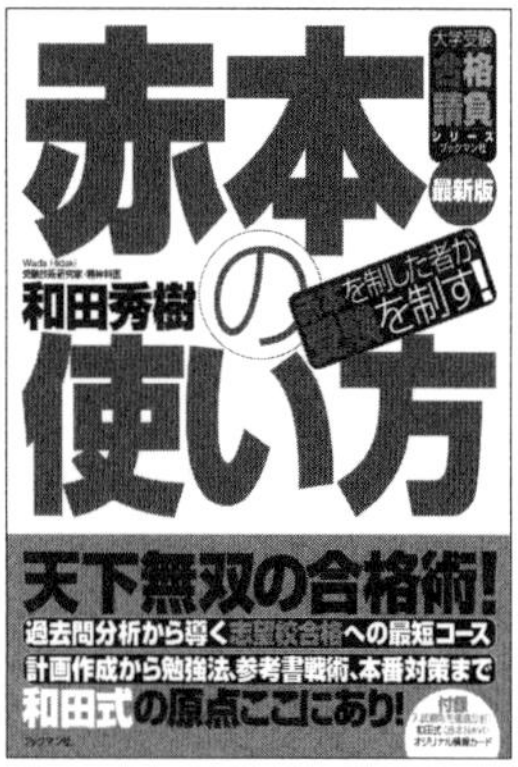

勉強のさせすぎはストレスになるか

一定程度のストレス（負荷）をかけたほうがやる気も能率も上がることはわかっていますが、それを超えたストレスがかかるとパフォーマンスは下がってしまいます。

子どもは、大人よりもストレス耐

音読と計算の効果［健常小学生の心理研究］

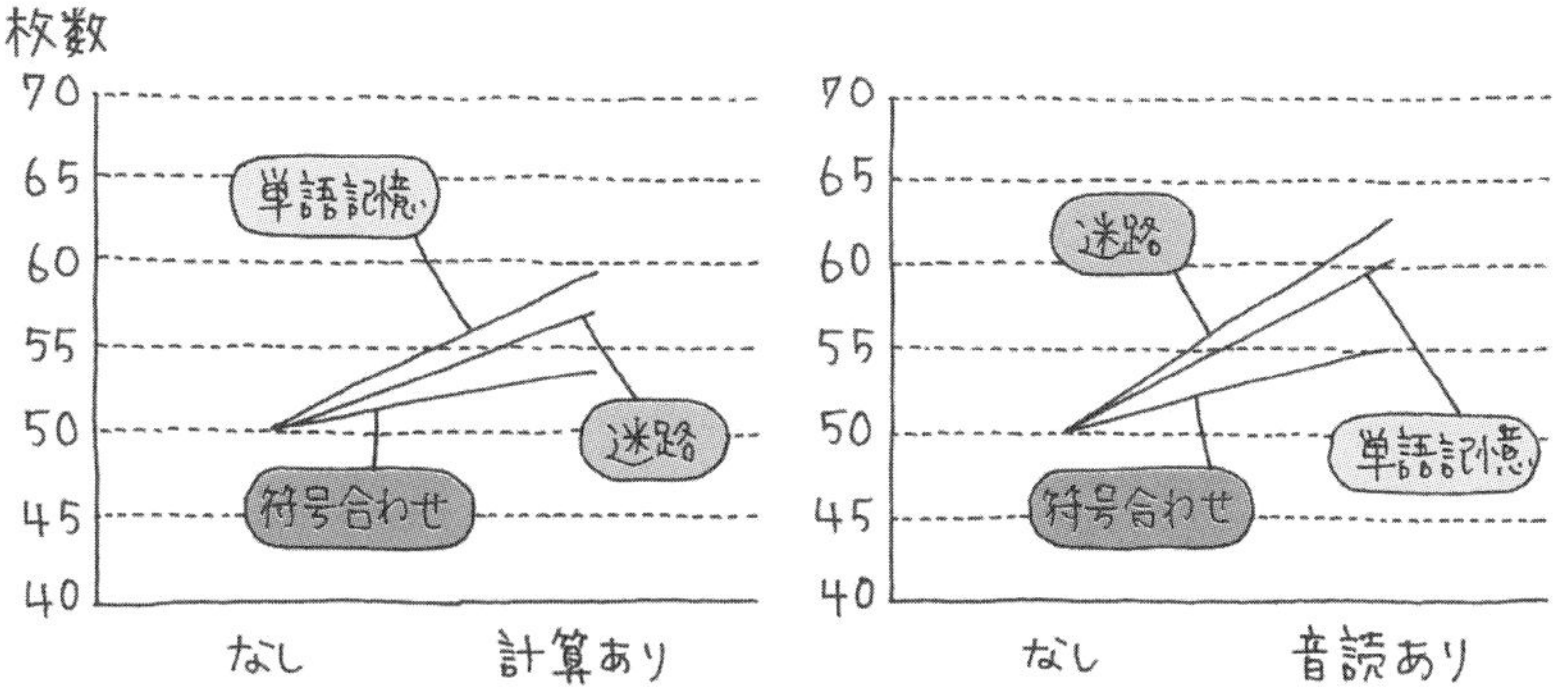

出典：東北大学川島隆太教授の研究より

性が低いので、「顔色が悪い」、「嫌々やっている」などの様子が見られたときには要注意です。長時間の勉強は、時に労働となってしまうことがあり、度を超した労働は明らかにストレスのもととなります。

ただし、**ストレスはあくまでも主観的なものでもあり、同じこと（ストレッサー）でも、ストレスに感じる子と感じない子がいます。**

ですから、長時間に及ぶ勉強であっても、子どもが楽しく取り組んでいるうちは邪魔をせず、好きなだけ勉強させてあげるといいでしょう。

一方で、成長期の子どもにとって、睡眠は何より大切です。「寝る子は受かる」ともいわれます。最低でも6、7時間の睡眠は確保してください。睡眠が足りないと、記憶力が悪くなるだけでなく、免疫力が落ちて風邪をひきやすくなるなど体力も減退してしまいます。

子どもによって、必要な睡眠時間にはバラツキがありますので、何時間眠ったときにもっとも調子がよいか、調べてみることをお勧めします。

5～10分の音読や計算で脳のウォーミングアップ

長時間の勉強を避けるには、短い時間で効率よく勉強をすることが必要です。そこで有効とされているのが、脳のウォーミングアップです。

脳の特性として、5～10分程度の音読や簡単な計算を行うと、その後に実施する記憶テストなどの成績がよくなることが、医学博士・川島隆太教授（東北大学加齢医学研究所）の研究により明らかとなっています（上記グラフ）。

例えば、百マス計算は、脳のウォーミングアップにちょうどよい課題です。勉強を始める前に「百マス計算5分」、これを習慣にしてみてください。学習効果を体感できるはずです。

志望校対策と受験本番の三種の神器とは

- ☑ 志望校の傾向を踏まえて合格者の最低点を目指す
- ☑ 本番慣れのために模試を活用する
- ☑ 受験には「受験学力、戦術力、精神力」が必要

志望校別の対策で合格最低点をクリアする

中学受験塾では、〝大は小を兼ねる〟との考えから、どの学校にも受かるよう総合的な学力レベルを上げていくことが至上命題とされており、名門塾といえども、志望校別の対策はあまり充実していないのが実情です。

夏期や冬期の特別講座で補っているところもありますが、通っている塾に志望校の対策講座がないときには、他の塾で探してみるといいでしょう。過去問を分析した演習問題などを使うことで、効率よく力をつけていくことができます。

中学受験を目指す親は満点主義に陥りがちで、すべての科目でよい点数をとるようにとエキサイトしすぎてしまう傾向があります。

しかし、受験の合否は合格最低点をクリアしているかどうかで決まるのであって、満点でも、最低点でも「合格」という結果に変わりはありません。

志望校対策では、合格者の最低点をチェックしましょう。得意科目で点数を稼ぐことができれば、苦手科目で必要以上に点数をとらなくてもよくなり、精神的な余裕が生まれます。苦手科目の克服より、得意科目を伸ばすために時間を使いましょう。

実力を知るための模試で本番の緊張感に慣れておく

中学受験の模試は、大学受験のように志望校に対する合格到達度をはかるためのものとしてはあまり有効とは言えませんが、本番と同じような緊張感のなかで試験を受けることに慣れるためには大いに役立つ体験となります。

子どもは、十分な実力を備えていても、ちょっとしたことをきっかけ

にプレッシャーを感じたり、体調を崩したりして、本来の力を発揮できなくなってしまうことがあります。本番ならではの緊張感に慣れておくためにも、模試は受けておいたほうがいいでしょう。

　また、試験では制限時間内に問題を解くことが求められます。模試は、ふだんの勉強では気にすることのない「時間」を意識できるようにしていくための練習としても有用です。

失敗はくり返すもの ケアレスミス対策で予防する

　試験でのケアレスミスは、見直しさえすれば気づくことのできるものがほとんどです。しかし、本番の試験では、見直しの時間がとれないこともありますので、ケアレスミスそのものを減らすことを考えましょう。

　残念ながら、人は失敗をしっかりと肝に銘じない限り、何度でも同じ失敗をくり返します。そこで、まずは過去のテストを見直して、どんな間違いをしているのかを自覚しましょう。さらに、「よくある間違い」のように自分以外の人の間違いから学ぶことも、典型的なケアレスミスの予防につながります。

　自著『ケアレスミスをなくす50の方法』（ブックマン社）には、ケアレスミスの原因と防止のノウハウを収録。ミスを減らすのにきっと役立ちます。

受験本番の［三種の神器（力）］

①受験学力

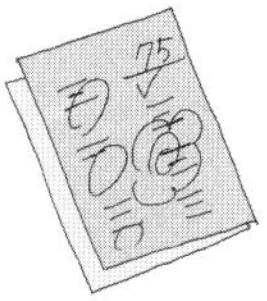

必要なのは、志望校の入試問題で、合格最低点がとれるだけの学力。

②戦術力

制限時間内で、どのような順番で問題を解いていけばよいか、戦略を立てる。
［例］「難問を捨てて、できる問題から解いていく」、「選択問題からやって、長文問題に時間をかける」など。

③精神力

試験中にパニックにならないよう、お守りや迷信など、気持ちを落ち着かせる手段をもっておく。

中学受験に失敗したら

- 中学受験では、第二志望まで考えておく
- 高校受験をするか、大学受験でトップを目指すか

第二志望となっても大学受験で挽回できる

考えたくないかもしれませんが、受験において「絶対合格」はあり得ません。何があるかわからないのが受験です。失敗したときにどうするか、落ちてから考えるのでは遅すぎます。

たとえば、第一志望を私学の中高一貫校としている場合に、併願できる公立の中高一貫校があるか、具体的に考えておくことが必要です。

同じ中高一貫校であれば、私立が公立になったとしても大学受験に照準を合わせて有利に学習を進めていくことはできますし、本人のやる気次第でいくらでも挽回は可能です。子どもには、「だから大丈夫」と伝えてあげてください。

第二志望に通う可能性も踏まえた準備ができていれば、慌てたり、焦ったりすることはないはずです。

ちなみに、名門校といわれている学校のランキングは、思っているよりも短いスパンで入れ替わっています。苦労して入った学校のレベルが、大学受験までの6年間のうちに下がってしまうこともあれば、逆に上がってくることもあります。現時点でのランキングやブランドにこだわりすぎないほうがいいでしょう。

高校受験で追いつくか大学受験で逆転するか

かつては、高校から御三家などの名門校に入るのは難易度が高くて大変なことでした。だからこそ中学受験で進学するのが賢明な選択とされていたわけですが、最近は少子化の影響もあり、高校からも比較的入りやすくなっているようです。

しかし、高校受験をするとなると、またそれ相応の勉強が必要となり、かなりのエネルギーと時間を費やすこととなります。

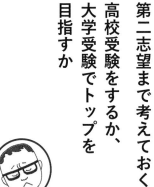

高校別・合格者ランキング

⬆…トップ圏外から上がってきた学校　⬇…トップ圏外となった学校

■東京大学（2023年）

	1	開成高等学校	148名
	2	筑波大学附属駒場高等学校	87名
	3	灘高等学校	86名
	4	麻布高等学校	79名
	5	聖光学院高等学校	78名
	6	渋谷教育学園幕張高等学校	74名
⬆	7	西大和学園高等学校	73名
	8	駒場東邦高等学校	72名
	9	桜蔭高等学校	72名
⬆	10	東京都立日比谷高等学校	51名

（2017年）

	1	開成高等学校	161名
	2	筑波大学附属駒場高等学校	102名
	3	灘高等学校	95名
	4	麻布高等学校	78名
	5	渋谷教育学園幕張高等学校	78名
	6	聖光学院高等学校	69名
	7	桜蔭高等学校	63名
⬇	8	栄光学園高等学校	62名
	9	駒場東邦高等学校	51名
⬇	10	海城高等学校	49名

出典：https://www.inter-edu.com/univ/

大学受験に照準を合わせるのであれば、第二志望の中高一貫校のレベルであったとしても、その6年間を使って大学受験に備えたほうが得策。高校受験をパスして、大学でトップ校を目指すのも、ひとつの考え方です。実際、大学受験のほうが、試験科目が限られているところが多く、得意科目を生かしやすいので選択肢の幅も広がります。

もし第一志望に合格できず、子どもが落ち込んでいるようであれば、中学受験で失敗しても立派に成功している大人は大勢いることを教えてあげるといいでしょう。

そして、受験のために積み上げてきた勉強は無駄ではなく、基礎学力として身に付いており、入学時点で相当なアドバンテージとなっているはずなので、気持ちを切り替えて、次の目標に向かって学習を進めていくための計画を一緒に考えてあげましょう。

中学受験を断念したら

- 中学受験を断念したら、中学範囲の先取りを行う
- 地元の公立中学の情報を調べておく
- 附属小学校に通いながら、あえて中学受験塾に通う

発達の遅れで断念しても中学範囲の先取りはできる

くり返しになりますが、発達の遅い子にとって中学受験の勉強は難しいものがあります。けれども中学範囲の先取り学習は発達を気にすることなく進めていくことができます。

中学受験では、ひらめきやセンスが必要な算数の難問を解く力が求められます。そのため、よく「難問が解ける」＝「頭がいい」と思われがちですが、そうとは限りません。実際、難問をスラスラ解いていたような子が、成長して冴えない大人になってしまっているケースは少なくありません。

本当の意味での「頭のよさ」は、与えられた課題に対し、柔軟に思考を巡らせて最適解を見つけ出せることにあり、そのような力は発達とともに着実に培われていきます。

ですから、中学受験を断念したらエリート路線から外れてしまうという考えは間違っています。焦らず、学習を続けていけば、大学受験で追いつくことも、逆転することだって可能です。子どもに無用な劣等感をもたせないことが大切です。

地元の公立中学についてあらかじめ調べておく

私が中学受験をすると決めたのは、地元の公立中学がひどく荒れていたことも理由のひとつです。上位10名はすべて女子で、勉強ができる男子は不良に絡まれるとも言われたので、落ちるわけにいきませんでした。

地元の公立中学に行く場合には、事前にどのような雰囲気の学校か、調べておいたほうがいいでしょう。頭がよくていじめられるようなことはないか。塾に通うことに対して寛容な学校か。気になることは確認しておいたほうが安心です。

そして、もし地元の学校に通わせ

学校選択制とは？

あらかじめ保護者の意見を聴取して就学校の指定をおこなう取組のこと。自由化の流れを受け、最新の文科省の調査(※)では、小学校の21.9%、中学校の19.2%が導入している。とくに、東京都の区部では採用している学校が多く、採用していないところでも、要求すればほとんどのケースで受け入れてもらえる。

※就学校の指定・区域学就学の活用状況調査について（2023年5月1日現在）

学校教育法施行令（昭和28年政令第340号）

（就学すべき学校の指定）
2　市町村の教育委員会は、当該市町村の設置する小学校または中学校が2校以上ある場合においては、前項の通知（入学期日の通知）において当該就学予定者の就学すべき小学校又は中学校を指定しなければならない。

（就学すべき学校の変更）
第8条
市町村の教育委員会は、第5条第2項の場合において、相当と認めるときは、保護者の申立により、その指定した小学校又は中学校を変更することができる。この場合においては、すみやかに、その保護者及び前条の通知をした小学校又は中学校の校長に対し、その旨を通知するとともに、新たに指定した小学校又は中学校の校長に対し、同条の通知をしなければならない。

るのが心配な場合には、「学校選択制」を利用すれば、区域外の学校へ通うことも可能となります。あきらめず、子どもにとってよりよい選択を心がけてください。

附属小学校に通いながらあえて中学受験塾に通う

附属校に通っていて中学受験をするつもりはないという人もいるでしょう。しかし、小学校入学当初は大学までエスカレーター式に上がって行ければいいと考えていても、子どものほうから中学受験に挑戦してみたいと言い出すこともあります。

附属校には特有の雰囲気や価値観があり、気がつかないうちに一般の感覚とずれてしまっていることがあります。中学受験をしないとしても、あえて受験塾に通わせて外部受験の雰囲気を体感させておくことで、のちに高校や大学で受験をするとなったときに役立ちます。

いろいろな中学受験塾を比較してみる

- 基準となる「合格実績」は母数を含めて見る
- さまざまなタイプの塾から子どもに合う塾を探す

中学受験塾は小学校とは違う「競争のある」世界

学校では、「みんな仲良く」という価値観が共有されて競争を避ける傾向にあります。しかし、そうではない世界があることを教えられるのが、中学受験塾です。

私は、競争心を育み、その競争に勝つことによって得られる喜びを知ることは、子どもにとって必要な経験だと思っています。もちろん競争に負けることもあるでしょう。受験競争に負けた子は、大変な悔しさやみじめさを味わうことになります。

親は、勝っても負けても、子どもの気持ちをしっかりと受け止める覚悟をもって中学受験塾に通わせることが大事です。

塾を選ぶ基準となる「合格実績」をどう見るか

いわゆる名門塾がもっともアピールしているのが「合格実績」です。

例えば、SAPIX（サピックス）は、ホームページに学校別の合格者数を掲載しています。2023年度の実績を見ると、麻布中学校197名、開成中学校274名、灘中学校30名など、有名中学校への合格者数の多さに驚くことと思います。

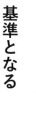

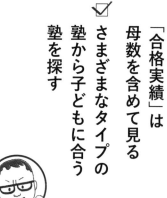

このとき、合格者数とともに見てほしいのが、その分母となる人数（2023年2月現在の在籍者数6730名）です。いくつかの名門塾の合格実績を見比べるときには、合格者数だけでなく、「何人中どれくらいの人数が合格したか」を見て比較するのがポイントです。

また、トップ校だけでなく、2番手、3番手の中堅校の合格実績も併せて確認しておきましょう。誰もがトップ校に行けるわけではありません。途中で、第一志望を中堅校に切り替えることもあるでしょう。名門塾のなかには、中堅校対策がすっぽりと抜け落ちているところが意外と多くありますので、あらかじめ丁寧に調べておくことが大事です。

塾と子どもとの相性をしっかり見極めて選ぶこと

中学受験塾とひと口にいっても、さまざまなタイプの塾があります。

■トップレベルの名門塾

学習内容が相当にハイレベルなので、「トップ校のどこかに合格する」確率は高くなる。一方で、志望校別の対策には注力していないところが多いので、志望校がはっきりしている場合には効率は悪くなる。

人数の多いマンモス校であっても、レベルに応じたクラス分けがされているので、授業内容についていけないということは起こりにくい。

■地元密着型の塾

地元のトップ校を中心に、各校の入試問題を徹底的に分析したうえで傾向と対策を教えてくれるので、志望校が合致する場合には効率のいい学習ができる。

マンツーマンの少人数制の塾であれば、丁寧な個別指導も期待できる。

■スパルタ型

名門塾に多い。成績でクラスや席を決めるなど、子どもの競争心を駆り立てる工夫が見られるのが、スパルタ型のひとつの特徴。

宿題が多いので、与えられた課題をこなせる子（できる子、意欲のある子）には向いているが、できなければあっという間に落ちこぼれになってしまう。勉強嫌いになってしまうリスクも相当に高い。

■努力重視型

スパルタ型と考え方は近いが、こちらはとにかくやればやっただけ学力が上がるという発想。効率が悪いうえに、子どもにとっては、常に「やらなくては」というプレッシャーになってしまう。メンタルのフォローがないと続けるのは難しい。

■志望校対策型

中学の入試問題は、学校によって傾向が大きく違うので、学校別の対策がしっかりしているほうが、効率よく勉強を進めていける。

■受験テクニック伝授型

「テクニック」というと、効率ばかりで実が伴っていないと批判されがちだが、テクニックを身に付けることは、効率よく学ぶことであり、決して考えることを疎かにしているわけではない。

私自身、勉強法を身に付けて実力を高めていったので、テクニック伝授型の塾は特にお勧めしたい。

名門塾の落とし穴
子どもがきつくなる

名門塾にさえ行っていれば、必ずトップレベルの難関校に受かるわけではありません。本気で目指すのであれば、名門塾のなかの上位クラス（SAPIXならばアルファクラス）に居続けることが必要条件となります。それは、子どもにとってかなりのプレッシャーになります。

　また、名門塾は、「できない子にわかりやすく教える」ところではなく、「できる子の成績をさらに伸ばして難関校に合格させる」ことが目的なので、すべてが塾主導で進んでいきます。塾のやり方やペースに合わない子は、どんどん精神的にきつくなっていくので注意が必要です。

中学受験塾には
いつから入るべきか

中学受験塾は、小学4年から通わせるというのが一般的でしたが、最近は、低学年クラスが用意されている塾も増えており、小学1、2年から通わせたほうがいいのではないかと考えている方もいると思います。

　しかし、中学受験塾のカリキュラムは、発達の差を考慮したものにはなっていません。そのまま強引に通わせて、発達の遅い子に辛い思いをさせてしまうリスクよりも、事前準備として、計算や漢字の読み書き、基本の読解術などを教えてくれる**地元の補習塾や公文式に通わせてから、中学受験塾にステップアップしていくほうが、子どもにとってはずっと安心**だと思います。

　小学校3、4年で中学受験塾に通い始めた後も、9歳の壁を越えていないことで、勉強についていけず苦しんでいるようならば、子どもが劣等感をもってしまう前に、塾を替えることをお勧めします。

中学受験に合格した後も
学習習慣を止めないこと

2月の受験本番まで、1日何時間も勉強をがんばったのだから、合格したら思い切り遊ばせてあげたいし、家族で旅行にも行きたい、と考えている方は多いと思います。

　気持ちはわかりますが、入学までの約2ヵ月間、まったく勉強をしなくなれば、せっかく身に付いた学習習慣もなかったことになってしまいます。それは、あまりにももったいないことだと思いませんか。

　中学入学までは、1日少しずつの時間でもいいので先取り学習を続け、中学に入ってからの勉強に備えたほうがいいでしょう。

　合格のお祝い旅行は、夏休みなど中学校生活に慣れてきたタイミングで連れて行ってあげてください。

Column

約 2600 会場で約 15 万人が一斉に受験！ 全国統一小学生テストでスイッチが入るって本当？

中学受験指導のパイオニアである中学受験塾・四谷大塚が、住んでいる地域や経済的な事情に関係なく、子どもたちに学力向上の機会を広く提供するために始めた「全国統一小学生テスト」は、すべての小学生を無料で招待し、年に２回、全国に会場を設置して実施されています。成績優秀者は東京･お茶の水で開催される決勝大会に招待され、成績上位者 30 名（1･２年生は 20 名）が表彰されます。

地元では敵なしと自信をもっている子も、全国の精鋭たちの存在に上には上がいると触発され、より高い目標をもって学ぶことにもつながります。中学受験に興味のない子、入塾を考えたことがない子が、全国の小学生で競い合うイベント的な盛り上がりに「勉強したら、次はもっと上の順位にいけるかな」、「私も中学受験に挑戦してみたい」という意識が芽生えることもあるかもしれません。**結果がわかりやすい分、手応えを掴むためのイメージもしやすく、個々にさまざまな形で前向きなスイッチが入る**ことでしょう。

塾に通っていなくても、テスト終了後に限定公開される解説動画で見直しもでき、弱点克服に役立つ成績帳表をもとに学習プランを立てるなど家庭学習に生かすことができます。

なかには、試験会場ではいつも緊張して本来の力が出せない子もいると思います。中学受験、高校受験、大学受験と、今後の大一番に向けて、試験会場でテストを受けることに慣れておくという意味でも有効です。

どんな補習塾や科目別塾に行けばよいの？

- ☑ 初めて通う塾は、「学ぶ楽しさ」を教えてくれる塾を選びたい
- ☑ 9歳の壁を越える前に通う塾は、「基礎学力」の定着が目的

勉強することの楽しさを教えてくれる塾を選ぶ

小学校へ入学してすぐの時点で、学校の勉強についていけなくなってしまう子がいます。発達や月齢の差によるものなので焦る必要はありませんが、「わからない・できない」を放っておくと、子どもが勉強嫌いになってしまう可能性があります。

小学校低学年のうちは、子どもの性格や特性を一番よくわかっている親が、子どもと向き合う時間のなかで教えてあげることができれば、それで十分だと思っています。

しかし、「わが子を相手にすると感情的になりすぎてしまう」「共働きで向き合う時間がつくれない」などの事情がある場合には、学習塾を利用するのもいいでしょう。

子どもが初めて通う塾は、「勉強って、こんなに楽しいものなんだ！」と思わせてくれるようなところがいいでしょう。

例えば、「はなまる学習会」は、詰め込み型の学習塾と違って、まるで遊びを楽しむような学習スタイルで人気の塾です。子どもの意欲を引き出してくれると評判ですが、子どもの性格や特性によっては合わないこともあります。試しに通わせて子どもの反応を見てから決めることをお勧めします。

「いつも（子どもが）喜んで塾に行っている」「学校の授業がわかるようになってきている」などの成果が出ていれば、その子と塾との相性はよいと言えるでしょう。

逆に、人気の塾でも、その子にとって「楽しくない場所」であれば、無理に行かせるのではなく、他の塾を探してあげてください。

9歳の壁を越えるまではそろばん塾か、公文式か

これまでにも紹介してきました

が、9歳の壁を越えるまでは、そろばん塾か公文式がお勧めです。

そろばんは指を使うので多少の器用さは必要ですが、頭の中にそろばんをイメージできるようになれば、桁数の多い難しい計算も暗算でできるようになります。

公文式（KUMON）は、一人ひとりの力に合った「ちょうど」の学習を自学自習で取り組むスタイルで知られています。少しずつ難易度が上がっていく「スモールステップ」方式なので、自分の学年を超えて進んでいくことも可能です。

公文のドリル式教材は非常によくできており、日本だけでなく海外でも高く評価されています。ちなみに、公文式には国語や英語のクラスもありますので、自学自習が向いている子にはお勧めです。

本格的な学びの事前準備に科目別塾を利用する

中学受験をする、しないにかかわらず、低学年のうちに子どもの基礎学力を固めたいという場合には、科目別の塾を利用するといいでしょう。ここでは、それぞれの塾で何を学べるのか簡単に紹介していきます。

■英会話スクールと英語塾は別もの

英語については、小学校低学年から塾に通わせるべきか迷っている方が特に多いように思います。

英会話スクールでは、ネイティブの先生と一緒にいるだけで、小さな子どもたちは自然とフレーズや単語を覚え、簡単な会話ならすぐにできるようになります。

ただ、多くの場合、その先生とは話せても、英語を文法から理解しているわけではないので、英語力が身に付いているとは言えません。

一方、英語塾のなかには英検対策塾と打ち出している塾もあります。英検の「級」をとるという明確な目標が掲げられているので、子どものモチベーションも維持しやすく、必要な文法力や単語力を確実に身に付けていくことができます。

小学生レベルの英会話スクールや英語塾は、当たり外れが大きい印象があります。口コミなどの評判を含め、なるべく多くの情報を集めたうえで選んだほうがいいでしょう。

子どもとの相性も重要です。体験学習をさせ、子どもを英語好きにしてくれそうな塾を選びましょう。

■国語塾では読解力を身に付ける

読解力は、あらゆる教科の基盤となる重要な力なので、できれば早い段階でしっかりと身に付けておいたほうがいいでしょう。「うちの子は、読書好きだから大丈夫」という方もいると思いますが、自己流で楽しく読めていても、肝心の読解力は身に付いていない場合もありますので、要注意です。

読解力はシステマティックに鍛えられるものなので、市販の教材を使って自学自習で身に付けることも可能です。ただ、国語が苦手な子にとっては自学自習は難しいことだと思いますので、国語塾で教えてもらうほうが安心でしょう。

■理科・社会に興味をもたせたい

今の学習指導要領では、小学校低学年に「理科」「社会」がありません。そのせいか、中学受験で理科や社会の勉強をいざ始めると、「覚えることばかりで面白くない」と感じやすく、それが理科嫌い・社会嫌いにもつながっているように思います。

低学年のうちに、理科や社会に興味をもつきっかけとなるような学習体験をさせることが必要でしょう。

理科であれば、実験教室や発明教室などがあります。実験を通じて、「不思議！」「もっと知りたい！」と前向きな探求心を刺激できれば、理科に興味をもつ子も増えるでしょう。

社会については、民間から初めて中学校の校長となった藤原和博氏が提唱した「よのなか科」という授業を受講できる教室があります。

「どうすれば稼げる大人になれるの？」「AIに負けない生きる力って？」など、正解がひとつではない課題に対し、議論を尽くして考えることで「思考力・判断力・表現力」を養う、新しい学びのかたちです。

小学生にはすこし難しいかもしれませんが、世の中のことに関心をもつようになると、自然と新聞を読むようになり、受験にも役立ちます。

その子に合う塾が見つかるまで いろいろ試してみればいい

小学生のあいだは、発達の個人差があることは無視できません。試してみてダメだった場合は、発達を待つ、という発想をもって現状を受け止めることも必要です。

大事なのは、できないことを探すのではなく、その子のできること・得意なことを探してあげることです。塾も、そんなスタンスで子どもと向き合ってくれればいいのですが。

くれぐれも親は焦らないことです。子どもに合う塾が見つかるまで、トライし続けることが重要です。実際私の母は、弟のために、まずそろばん塾に通わせ、合わないと判断したら、すぐに辞めさせて公文式に通わせました。そこで、弟は「自分もできる」と自信をもてるようになったのです。

親として、「この子に合う塾がきっとあるはず、できない子ではないのだから」と信じて行動してあげられるかどうかがカギとなります。

Column

親の熱意や態度は子どもに伝わる「バカだから」とあきらめるのは絶対ダメ！

どうしても塾に馴染めない子もいるでしょう。そういう子に対して、特別に時間を割いてくれる塾はなかなかありません。ですが、親は、子どもの性格や特性をよくわかっているはずですし、子どものために時間を割くこともできるはずです。いろいろと試してみてダメならば、最後は、「親が教えればよい」という覚悟をもっていてほしいと思っています。

そして、子どもが何かを成し遂げたときには、親がしっかり喜んであげることも大切です。子どもにとって親の喜ぶ顔は何よりも励みになります。また、**親の勉強する姿を見せることも必要**です。子どもは親の姿や行動を真似るものです。自然と、本を読んだり、勉強をしたりするようになります。

「勉強をなんとか好きになってほしい」、「これがダメでも、あれはできるはず」という**親の熱意はかならず子どもに伝わります。**逆に言えば、「この子は何をやらせてもダメだ」、「私（親）がバカだから、この子もバカなのはしょうがない」と思ってしまっていると、子どもはそれを感じとって、「どうせ自分はバカだ、ダメだ」とあきらめてしまいます。ですから、**親として、子どものことであきらめてしまうことだけは絶対に避ける**ようにしてください。

家庭教師・個別指導の塾を利用する

- ☑ 勉強についていけていないときや先取り学習で利用する
- ☑ 先生としての資質も大事だが、子どもとの相性が一番重要

子どもの「わからない」を放っておかないための対応策

家庭教師や個別指導の塾は、子どもが学校や中学受験塾での勉強についていけていないときの手助けとなります。「できない・わからない」ことは放っておくと雪だるま式に膨れ上がってしまいます。できるだけ早いうちに手を打つことが大切です。

また、先取り学習で利用するのもお勧めです。テーマごとに肝となる部分を明確にしてもらうことで効率よく学べるうえに、わからないこともすぐに質問できるので、学年を越えた勉強を無理なく進めていくことが可能になります。

子ども一人ひとりの性格や特性にも、しっかりと向き合ってもらえます。集団が苦手で、生徒数の多い塾では勉強に集中できない子や、今通っている塾で成績が思うように上がっていないようであれば、一度、家庭教師や個別指導の塾に替えてみてもいいかもしれません。

親しみやすい学生バイトか経験値で上回るプロか

塾の講師や家庭教師には、東大や有名私大の学生アルバイトが大勢います。小学生にとって、彼らが〝頼れるお兄さん・お姉さん〟であり、憧れの存在ともなれば、彼らと同じ大学に行きたい、と思うようになることも期待できます。

一方で、プロの講師や教師の強みは、さまざまなタイプの「できない子」と対峙してきた経験の多さにあります。実績に基づく教えの信頼度は高くて当然です。

根性第一主義の先生よりテクニック重視の先生を

また、講師や教師の学歴と教え方のうまさは必ずしも一致するもので

はありませんが、その先生がもっている学習観は教え方に直結します。前もって確認しておいたほうがいいでしょう。

　例えば、根性第一主義で合格を勝ち取ってきたタイプは、質より量で進めようとする傾向があり、教育虐待につながりやすいので注意が必要です。また、いつも成績トップの秀才タイプも、勉強で苦労した経験がないせいか、できない子に教えるのは得意ではないように思います。

　それよりも、**テクニックを身に付けることで成績は上がる、との考えをもっている人のほうが、実践的で頼りになる**と思います。もともと劣等生でトップレベルの大学に合格した人に多くみられるタイプです。

　また、うまくいかなかったときに、決まったことに固執しすぎず、別のやり方を試してみるなど、柔軟に対応を考えられる人のほうが、安心して子どもを任せられるでしょう。

教師のパーソナリティは親がしっかり見極める

　子どもの先生としてふさわしいかどうかを見極めるのは難しいことです。ここでは、参考となるポイントをいくつか挙げておきましょう。

　まず、「褒めて育てる」を実践している人がいいでしょう。「ダメだ」ばかりの先生では、子どもはどんどん委縮してしまいます。

　また、親は子どもの短所にばかり目がいってしまうものなので、長所を見抜いてくれる先生の存在は、子どもにとって大切です。子どもが大好きな先生のために勉強をがんばるのは、とても自然な成り行きです。**子どもに教えるのが好きで、愛に溢れた先生は、親にとっても頼もしい存在となってくれる**でしょう。

　一方で、学歴や経歴がどんなに素晴らしい先生でも、子どもとの相性が悪ければ、残念ながら成績アップにはつながりません。「子どもが楽しく勉強をしているか」という点は、何よりも大事なポイントです。

　また、左記にまとめた「チェックリスト」に当てはまる項目がある場合には、特に注意が必要です。

パーソナリティ・チェックリスト

□ **自信がありすぎる**

一見、頼もしく見えるが、決して間違いを認めないので、親の意見に耳を貸さない可能性も。

□ **生徒を見下す**

子どもに向き合う姿勢としてあり得ないので問題外。

□ **思い込みが強すぎる**

すべての子どもに、同じやり方で押し通そうとするので要注意。

□ **怒りっぽい**

子どもがビクビクするようになってしまうのでダメ。

塾はいつでも替えられる

☑ 成績が上がらなければ塾を替えてみたほうがよい

☑ 塾の言うことを妄信してはいけない

成績が上がらなければその塾を替えればいい

塾に通って、毎日がんばって勉強している割に子どもの成績が伸びてこないとしたら、その塾とその子は合っていないのかもしれません。

子どもが塾に行くのを嫌がっていないか、塾の友だちとうまくやれているか、塾の勉強についていけているか、チェックしてみてください。

子どものニーズに合っていない塾でがんばらせても、勉強嫌いにさせてしまうだけですし、その子の将来に悪影響となってしまいます。

くり返し申し上げていることですが、「できない・わからない」は、子どものせいではありません。教えるプロであるはずの塾の教え方がよくないか、その子に合っていないことが原因です。そのうえ、根性論を振りかざし、「努力が足りない」などと言ってくるようであれば、その塾は替えたほうがいいでしょう。

学校は、そう簡単には替えられませんが、塾はいつでも替えられます。子どもに嫌な思いをさせてまで、同じ塾に通わせ続ける意味はどこにもありません。

逆に、子どもの成績が上がったときには、まず、がんばった子どもを褒めてあげたうえで、塾にも感謝の気持ちを伝えましょう。塾としても、子どもの成績が上がるのはうれしい成果であり、一層のやる気をもって子どもと向き合ってくれるはずです。

塾は利用するもの塾の信者になってはいけない

塾には確固たる言い分があって、強く言ってくる傾向があります。親が、その方針に従わないと塾をやめさせられるのではないか、と恐れる気持ちもわかりますが、お金を払っているのは皆さんのほうなのですか

ら、妙な遠慮は不要です。

むしろ、塾のやり方に盲目的に従ってしまうほうが、その子どもが与えられたことしかできなくなってしまいかねませんので、要注意です。

そもそも塾は、子どもの将来のことまでは考えてくれません。たとえば、「最終的な目標は東大合格」という子に対し、中学受験の時点で、「ビリで難関校に行くよりも、二番手の学校でトップをとるほうが、東大を目指しやすくなることもあるよ」など、その子の性格までを考えたアドバイスはしてはくれないでしょう。

塾が欲しいのは「合格実績」なので、少しでも合格の可能性があれば、偏差値の高い学校を受験するよう勧めてくるはずです。

親は、こうした事情をわかったうえで、塾と付き合うことが大切です。塾は利用するべきものであり、決して振り回されるものではありません。塾への妄信は、子どもにとってリスクでしかありません。

中学受験に向いていないなら無理をさせないほうがいい

中学受験の勉強にはひらめきやセンスが必要なので、発達や月齢の差で遅咲きの子にとっては、いくらがんばっても難しいかもしれません。

前にも話しましたが、中学受験の勉強と、中学校での勉強にはほぼ連続性がありません。そういう子は、中学受験をやめて、中学校の先取り学習を始めることをお勧めします。

先取り学習については、別の項で詳しく取り上げていますが、実はとても実用的で、学年を超えて1年先、2年先と進めていくことができるので、本人の自信にもつながります。

習い事の掛け持ちについて

☑ **自分に合うものを探すスタンスで掛け持ちOK**

☑ **勉強を第一に、本人が楽しめる習い事をプラスする**

習い事の意義

習い事には次のような意義があると考えています。

①情操教育として
②勉強以外の世界を知る
③息抜きとして
④みんなと協調する体験の場として
⑤創造性を養う
⑥集中力を養う

私も子どものころには、英会話・習字・そろばんなど、習い事を掛け持ちしていました。習い事が嫌だったという記憶はないです。むしろ学校の授業のレベルが低すぎて学校では勉強に集中できなかったのですが、そろばん塾では集中できて、学習へのモチベーションを維持することができたと思っています。

また、学校で仲間はずれにされたり、面倒くさい友人関係に振り回されたりするよりは、塾など学校以外での付き合いのほうがよほど気楽です。学校ではおとなしく過ごし、下校後、文武両道に磨きをかけるほうが自分のためかもしれません。

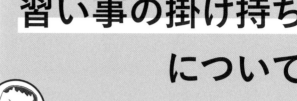

秀でた才能の邪魔をしないこと

「次世代の藤井聡太（棋士）を目指す！」「大谷翔平のようなメジャーリーガーになる！」「三苫選手のようなドリブラーになって欧州に渡る！」と憧れて、彼らが在籍していたクラブに入門し、同じ指導を受けたからといって成功するとは限りません。「この子は、もしかしたら天才じゃないのか?!」と指導者の目に止まり、**「天才をつくる教育」ではなく「天才を邪魔しない教育（環境）」によって己の道を究め、今の結果があるわけです**。これがもし、指導者が余計な指南をしたり、あるいは別のことも同時に励もうとしたりすれば、今の栄光はなかったかもしれません。

これは受験対策でも言えることで、苦手科目を何とかしようと対策をするよりも、得意科目をさらに伸ばして確実なものにしていくほうが得策です。

情操教育としての習い事

暗記や計算のように明確な答えのある勉強とは違って「これって好きだな、楽しいな」「美しい、心が洗われる」など、心を豊かにする体験をできるのが情操教育です。けれども、例えば習字で、お手本とかけ離れた出来にダメ出しばかりしては情操教育にはなりません。朱墨で直された半紙に、すっかりやる気が失せてしまいます。指導する側は「この字、あったかみがあるね」「こういう字も面白いね」と、世界観を広げる発想で向き合うべきです。

枠にはまろうとせず、自由に感じて、自由に表現をする。日本人がこれまで不得意としてきた創造性や伝え方を磨くことで、可能性が広がります。

試すことの意味

習い事は、本当に合うものを探すスタンスで、いろいろ掛け持ちしていいと私は思います。ただし、リトミックや英語などは幼児から始める習い事として人気で、未就学児の段階ですでに掛け持ちで忙しくしている子もいますが、子ども本人に興味がなくてはストレスになります。

また、楽しんでいたとしても疲れてヘトヘトになっているなら、数を減らすことが必要です。親の見栄やエゴを押しつけずに、子ども自身が楽しめる内容とペースであることが大切です。

本人の興味がある習い事であれば、始めるのに早いも遅いも関係ありません。やってみて合わないものはやめる。やめることは、合うものとの出会いのために必要な選択です。「やってみてダメなら、次はこれをやってみる」という経験は、自分に合う勉強法を見つけるうえでも役立ちます。

ものすごい才能が開花して、この道で食べていけるというものに出会ったなら逆転してもいいのかもしれませんが、やはり一番の優先は勉強です。習い事は晩年の趣味としても生きるので、続けられるものは続けていくといいと思います。

中学校の範囲を先取り学習する意義について

- ☑ **小学校で中学校の範囲の先取り学習をさせる**
- ☑ **「ゆとり教育」から「脱ゆとり」になっても、授業時間数・学習内容ともに不十分**

「中学受験のための勉強」と「中学校での勉強」はちがうもの

2000年以降、日本の子どもたちの学力は低下傾向にあります。2009年、2012年と盛り返した時期もありますが、その後はふたたび低下の一途をたどっており、周辺のアジア諸国と比較しても明らかに伸び悩んでいます（図1）。

小学校には中間テストや期末テストもなければ落第もありません。必死になって勉強をしなくても、公立中学校であれば、誰でも進学が可能です。しかし、中学受験をするとなれば、学校で教えてもらう範囲の勉強だけでは足りません。中学受験のための塾などに通って、それ相応の勉強をする必要があります。

とはいえ、誰もが中学受験に挑戦できるわけではありません。中学受験などとは無縁の地域に住んでいたり、経済的に余裕がなかったり、中学受験を選択できない子、塾に行けない子は大勢います。なかには、発達の特性的に受験に向いていない子もいるでしょう。いずれにせよ、中学受験ができなくても、その子の人生は終わりではありません。大学受験で追いつけばいいのですから。

ただ、中学受験勉強をしないと、受験をする子とのあいだでの学力差は広がってしまいます。ですから、**中学受験はできないけれど、大学受験ではトップの大学を目指したいのであれば、先取り学習をさせましょう。**

小学5、6年ともなれば、たいていの子が中学1年、科目によっては2年で習う内容でも理解できると思います。日本の中学校の学習内容は易しすぎるのです。もちろん「中学受験のための勉強」と「中学校での勉強」はイコールではありませんが、先取り学習をしておけば、中学校に入学してからの勉強に有利です。

図1 PISA国際学力テストにおける日本の成績の推移

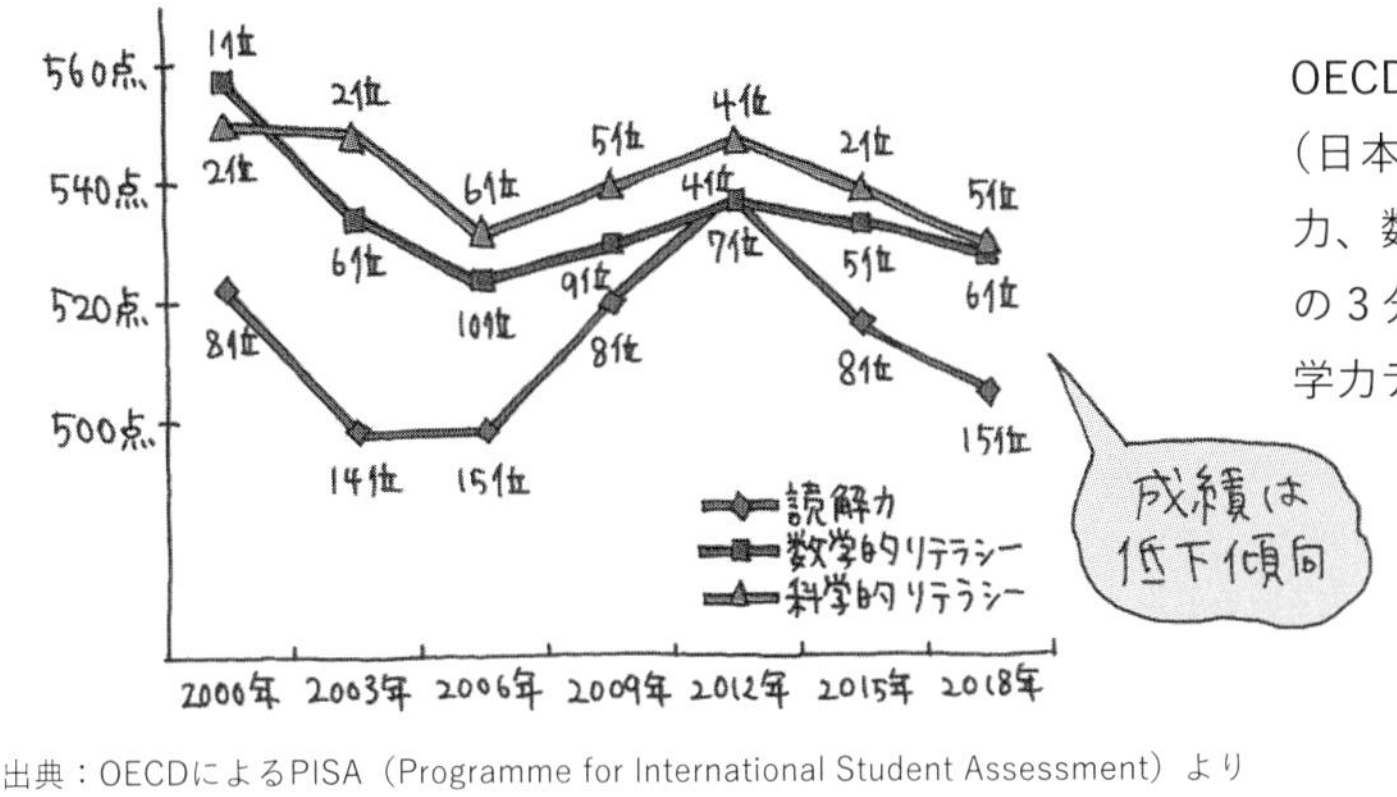

OECD加盟国を中心とした世界の15歳児（日本では高校1年生）を対象に、読解力、数学的リテラシー、科学的リテラシーの3分野について3年ごとに実施している学力テストによる学習到達度調査。

出典：OECDによるPISA（Programme for International Student Assessment）より

学習指導要領の改訂とゆとり教育が格差を生んでいる

都会と地方での考え方の違いや経済力の差による教育格差とは別に、学習指導要領の改訂によって年代間の教育格差も生まれています。

図2 小学校6年間の総授業時間数の推移

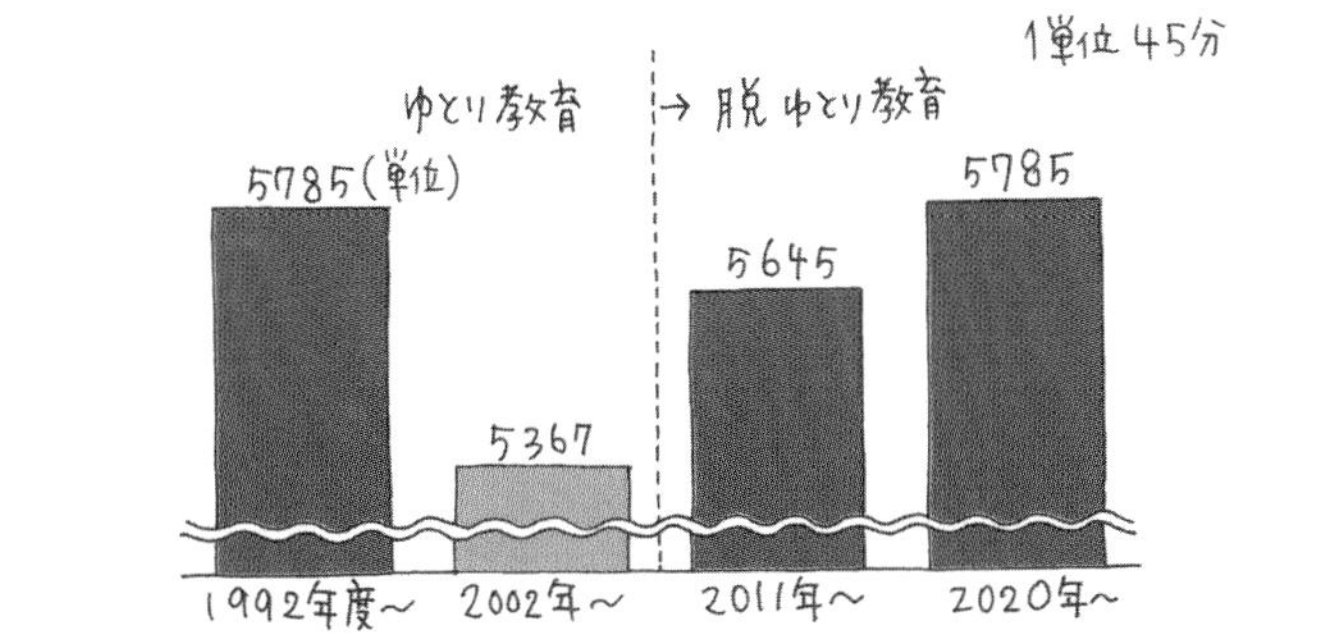

出典：毎日新聞：「詰め込み」の危険性 学校現場、働き方改革逆行　小学校教科書検定

1970年代の詰め込み教育をピークに、80年代、90年代と改訂をくり返すたびに授業時間数が減らされ、2000年代に入ってからの「ゆとり教育」の実施で授業時間数・学習内容ともに大幅減になりました。

中学受験を目指す子は、塾などで多くの時間を勉強に費やしています。ですから、学習指導要領の改訂で授業時間が減らされても大した影響を受けません。しかし、**中学受験とは無縁の子にとっては、学校での勉強がすべてなので、時間数の減少は学力にダイレクトに影響します。**

小学校6年間の総授業時間数の推移（図2）を見ると、ゆとり教育の実施で減った時間数が、脱ゆとりで1992年時点まで戻ってはいます。私としては、詰め込み教育といわれた1971年時点のカリキュラムまで質・量ともに戻したほうがいいと思っていますが、それにはまだ及びません。

学習指導要領の変遷

昭和 43 ～ 45 年 （1968 ～ 70 年） 改訂：昭和 46 年 （1971 年）から実施	**「教育内容の現代化」** 現代型カリキュラムといわれ、授業時間数も学習内容も多かった。のちに「詰め込み教育」と言われるようになる。
昭和 52 ～ 53 年 （1977 ～ 78 年） 改訂：昭和 55 年 （1980 年）から実施	当時はまだ「ゆとり教育」と表現されてはいなかったが、受験競争が激しすぎること、高校進学率が上がったこと（およそ 96％）などから、「詰め込み教育」への批判が高まり、「学習負担の適正化」が図られた。
平成元年 （1989 年）改訂： 平成 4 年 （1992 年）から実施	**「社会の変化に自ら対応できる人間」** 理科・社会を減らす一方で、他の教科の理解力をあげるためにも国語力は必須との考えから、国語はむしろ増やす方向へ。
平成 10 ～ 11 年 （1998 ～ 99 年） 改訂：平成 14 年 （2002 年）から実施	**「自ら学び自ら考える［生きる力］の育成」** この時期に小中学校で教育を受けた世代が「ゆとり世代」と呼ばれる。すべての教科の時間数・学習内容ともに大幅に減らされた。完全週休 2 日制になり、「総合的な学習の時間」が盛り込まれた。
	↓
	その後、平成 20 ～ 21 年（2008 ～ 09 年）、平成 29 ～ 30 年（2017 ～ 18 年）の改訂で、授業時間数は増やされ、外国語教育の導入など学習内容も変わっている。

時間数や学習内容が減っても、授業についていけない子の割合は減らなかった。問題は教え方にあるのだが、その点は無視され、さらに授業時間を減らそう、という流れに。

授業時間数にかかわらず先生の負担は増大しており、質の高い授業を行う余裕が失われてしまっていることが問題。学校だけに任せていられない、というのが現実。

小学校6年間における授業時間数の推移（時間）

	昭和 46 年（1971 年）	昭和 55 年（1980 年）	平成 4 年（1992 年）	平成 14 年（2002 年）
国語	1,603	1,532	1,601	1,377
算数	1,047	1,011	1,011	869
理科	628	558	420	345
社会	663	558	420	350
合計	3,941	3,659	3,452	2,941

注目！「ゆとり教育」の始まり

参考：各学習指導要領より抜粋して作成

評判の悪かった「ゆとり教育」の実態を小学校の算数の学習内容で比較してみよう

イギリスで、かつて複雑な計算問題をやらせず、計算機の使い方を教えていた時期がある。結果として、算数の問題を解く力そのものが低くなってしまったため、その方針は撤回されている。この他国の先例を無視して始めてしまったのが、日本の「ゆとり教育」である。

①四則計算

2002年以前の学年	内容・例	2002年以降
1年	7 + 8 = （1ケタのたし算・ひき算）	1年
1年	51 + 7 = （2ケタのたし算・ひき算）	2年
2年	408 − 279 = （3ケタのたし算・ひき算）	3年
3年	1354 + 2040 = （4ケタ以上のたし算・ひき算）	教えない
3年	343 × 12 = （2ケタ同士以上のかけ算）	教えない
3年	69 ÷ 9 = （わる数と商が1ケタのわり算）	3年
4年	9915 ÷ 236 = （わる数が3ケタのわり算）	教えない

②少数・分数

2002年以前の学年	内容・例	2002年以降
3年	$\frac{1}{3}+\frac{2}{3}=$ （同分母のたし算・ひき算）	4年
3年	1.7 + 1.8 = （少数のたし算・ひき算）	4年
4年	2.3 × 4 = （少数と整数のかけ算・わり算）	5年
4年	3.54 + 8.34 = （小数点以下が2ケタ以上のたし算・ひき算）	教えない
4年	$2\frac{1}{3}+\frac{5}{3}=$ （帯分数・仮分数のたし算・ひき算）	教えない
5年	$\frac{2}{3}+\frac{3}{5}=$ （分母の異なるたし算・ひき算）	6年
6年	$\frac{2}{5}\times\frac{3}{4}=$ （かけるものが単位分数でないかけ算）	教えない

③図形

2002年以前の学年	内容・例	2002年以降
2年	正方形、長方形、直角三角形	3年
3年	二等辺三角形、正三角形、円	4年
4年	平行四辺形、台形、ひし形	5年
4年	立方体、直方体	6年
5年	台形・多角形の面積	教えない
5年	図形の合同	教えない
6年	図形の対称	教えない

④その他

2002年以前の学年	内容・例	2002年以降
5年	倍数・約数	6年
5年	平均・速さ	6年
6年	比例・反比例	教えない
6年	比の値	教えない

先取り学習のテクニック【算数編】

- ☑ 算数は「自学自習」で学習のレベルを上げていく
- ☑ 次のレベルに進むときの目安は、答えや解説を見て理解できるかどうか
- ☑ 計算力の先取りは、9歳の壁を気にせず取り組める

学校の授業で足りない分は「自学自習」で学びを進める

西村和雄先生（京都大学名誉教授）の著書に『分数ができない大学生』（東洋経済新報社）という本があります。出版された90年代終わりに、先生は「日本の学力低下が経済力の低下につながる」と警鐘を鳴らしていました。現在の学習指導要領は、ゆとり教育が実践されていたころと比べれば、授業時数・内容ともに多くなってきてはいますが、いまだ十分とはいえないのが実情です。

算数は、「自学自習」で勉強を進めていくことができる科目です。「答えを見ずに解ける」必要はなく、「答えや解説を見れば理解できる」なら、次のレベルへと学びを進めてかまわないというのが私の考えです。

そこで役立つのが、先ほど名前を挙げた西村先生と数学者である岡部恒治先生の共編著による『考える力がどんどん身につく 学ぼう！算数』です。学年という枠に捉われず、関連する内容を同時に学べるようにつくられているので、自然な流れで先取り学習を進めていくことができる、画期的なテキストです（おすすめ①）。

先取り学習では「計算力」をしっかり鍛えておきたい

小学校で習う算数は基礎学力として身に付けておいたほうがよいものです。なかでも計算力は、中学受験だけでなく、高校、大学とのちに高度な数学を学ぶようになってからの学力の伸びに影響します。

計算力は9歳の壁を越えてない、発達が遅いなどの事情があっても訓練次第でレベルアップさせることができる分野でもあります。

一般に計算力を鍛える学習法としては、公文式とそろばんが有名です。公文式は、学年に関係なくレベ

おすすめ❶

算数の先取り学習をするならコレ！

①『改訂版 考える力がどんどん身につく 学ぼう！算数』（数研出版）

②『学ぼう！算数 準拠版ワーク』（数研出版）

①低学年用（上・下）、中学年用（上・下）、高学年用（上・下）と全6冊ある。学習指導要領にとらわれない構成で効率的に学ぶことができるので先取り学習に向いている。重要なテーマは、何度もくり返し学べるようにつくられているので自然と理解が深まっていく。

②の『準拠版ワーク』を併用することで、①で学んだ基本的な知識を定着させることができる。

おすすめ❷

計算力を上げるならコレ！

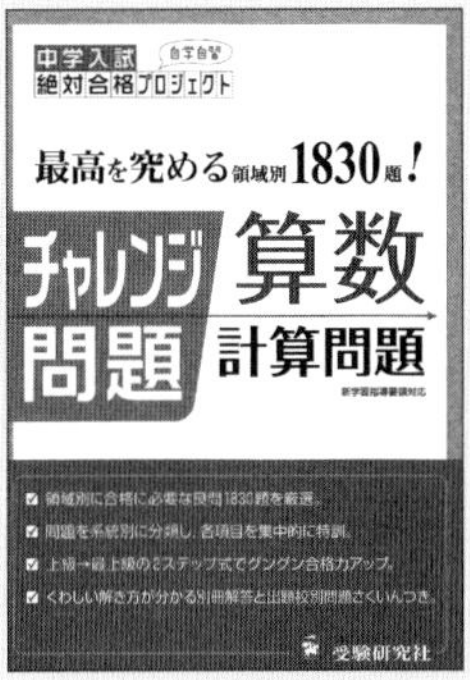

③『中学入試 チャレンジ問題 算数 計算問題 改訂版』（増進堂・受験研究社）

④『中学受験算数 計算の工夫と暗算術を究める 増補改訂4版』（エール出版社）

③「1830題」もの計算問題が収録されているので半年くらいかけて取り組みたい。中学校に入ってからも役立つレベルの計算力を身に付けることができる。

④「工夫」をすると、計算はより早く、より正確にできるようになる。苦手意識の払拭にもつながる、さまざまな工夫のパターンを学ぶことができる。

ルを上げていくことができるしくみが特徴的で、学校の算数が苦手な子にとっても自己肯定感を高めてくれる大事な学習の場となっています。

また、最近ではそろばんを習わせる親は減っているのかもしれませんが、頭の中でそろばんをはじくことができれば4桁の計算も難なく解けるようになります。そろばんが計算力の向上につながるものであることは明らかです。ここでは、小学校の中学年から高学年の子どもたちが計算力を鍛えるのに役立つ参考書を厳選して紹介します。中学受験をする子も、しない子にとっても、お勧めの2冊です（おすすめ②）。

計算力は、くり返し行うことで鍛えられます。「1日10問」など、無理なくできる量を考えて、日々の学習習慣に取り入れてみるのもいいでしょう。子どものモチベーション維持にもつながるかもしれません。

中学受験のための勉強は先取りになるか、リスクになるか

中学受験の算数では、抽象思考が必要な難しい問題が出題されます。発達が早い子にとっては、自信と高度な思考力を身に付けられるので楽しく勉強できるかもしれませんが、発達の遅い子にとっては、難しすぎて手も足も出ないことでしょう。

しかし、小学生で抽象思考を要する算数の問題を解けたからといって、それがそのまま中学・高校の数学で役立つかというと、そういうわけでもありません。ただ、中学の学習範囲の先取りをしておくことで、中学校に入ってからの勉強を有利に進められるのはたしかです。

中学受験の算数を「難しい」と感じている子でも、中学１年で習う教科書レベルの問題を見ると、「え？こんなに簡単なの？」と驚くのではないでしょうか。**中学までは義務教育の範囲内ということもあり、小学高学年の子にとっては中学２年の問題ですら難しすぎることはない**のです。

ですから、抽象思考が苦手で受験算数でつまずき、「自分は算数ができない」と思っている子には、中学受験塾に行かせるよりも、試しに中学の学習範囲の数学をやらせてみてください。きっと無理なく勉強を進めていけるはずです。

もちろん、自学自習をしているなかで答えを見ても理解できないこともあるでしょう。そのときには、親がしっかりフォローして教えてあげてください。もし親が対応できないのであれば、家庭教師を頼むなど学習環境を整えてあげましょう。

さらなる先取り学習は必要か苦手克服のためにできること

中学の学習範囲の算数は、計算力同様、くり返し学習によって力をつけていくことができます。これは、すこしくらい理解が追いついていなかったとしても勉強量で補えることを意味します。

中学受験の算数ではいくらやっても点に結びつかなかった子が、中学範囲の先取りではがんばればがんばっただけ高い点数がとれるようになるわけですから、苦手意識など簡単に払拭できてしまいます。**子どもが中学受験のための勉強に向いていないとわかったら、あまり難しく考えすぎず、中学範囲の先取り学習に切り替えてみるといいでしょう。**

このときに使用する学習参考書については、解説がわかりやすいことが何より重要です。子どもが自身で理解できなかったとしても、親が見てわかるように書かれている参考書であればＯＫです。解説ページは、参考書選びの大切なチェックポイントです（**おすすめ③**）。

おすすめ❸

中学範囲の先取りは３ステップで進める

基本がわかったら、問題集型の勉強をして
練習量を増やす、というのが基本的な進め方。

STEP 1 学習内容の基本をひと通り学ぶ

『これでわかる 数学 中学1/ 2/ 3年』（文英堂）

丁寧な解説とカラフルでわかりやすいレイアウト。参考書と問題集が１冊に統合されたような構成になっているのが特徴。基本的な内容を理解した後で演習問題に取り組める。演習問題が解けなければ、解説ページに戻って何度でも再復習することが可能。

STEP 2 問題演習をくり返して定着させる

『中1/ 2/ 3数学を
ひとつひとつわかりやすく。』
（学研プラス）

基本的な構成は、STEP1と同じだが、数学が苦手な人でも少しずつ学べるように、大切なポイント一つひとつを、「わかりやすい解説（左ページ）＋書き込み式の練習問題（右ページ）」にまとめてある。１日１見開きずつでも2、3ヵ月で終えられる。

STEP 3 練習量を増やして実力アップ

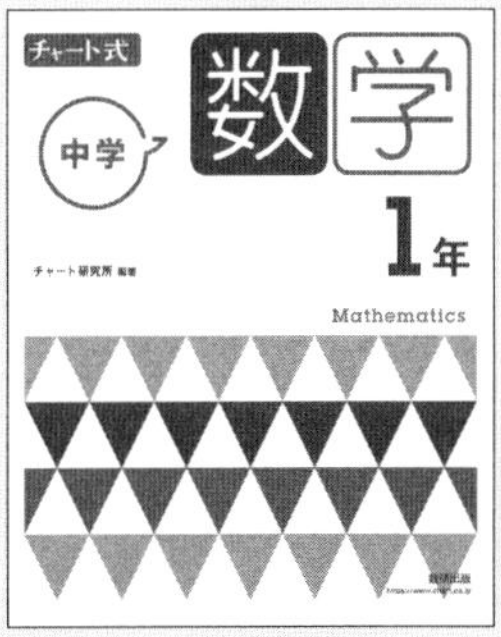

左：『チャート式 中学数学 1/ 2/ 3年』（数研出版）
右：『チャート式 中学数学 1/ 2/ 3年 準拠ドリル』（数研出版）

教科書の内容に沿った丁寧な解説で、公立高校入試レベルまで着実に力をつけることができる。単元の要点を説明する解説動画や、計算問題を反復練習できる計算カードなど、デジタルコンテンツを利用した学習ができるので、自学自習に最適。『準拠ドリル』との併用で、さらなる実力アップが期待できる。

STEP1：２ヵ月、STEP ２：２ヵ月、STEP3：４ヵ月。これくらいのペースを目安に取り組めば、無理なく進めていけるでしょう。小学５年で中１、小学６年で中２の学習を先取りできれば十分ですが、発達の早い子であれば、小学４年から中１の学習を始めてもいいですよ。

先取り学習のテクニック【国語編】

- ☑ 読書によっても鍛えられる読解力はあらゆる教科の基盤となる重要な力
- ☑ 中学受験の国語で「読解メソッド」を身に付ける
- ☑ 漢字の先取りは、9歳の壁を気にせず取り組める

読解力は国語だけでなくすべての教科の基盤となる

AIの進化で精度の高い翻訳アプリができて、英語での読み書きや会話が誰でも簡単にできるような時代となっても、翻訳された日本語の文章を理解する国語力がなければ意味がありません。

ここでいう国語力とは、主に読解力を意味します。学校で習う国語には漢字や語彙、表現力なども含まれますが、読解力はあらゆる学びの土台となっておりとても重要です。

例えば、長文の英語が読めても、読解力がなければテストの点にはつながりません。これは、物理など理数系の教科についてもいえることです。読解力は、子どものうちからしっかりと身に付けておくべき国語力のひとつといえるでしょう。

しかし、私自身は子どものころ、国語の成績はよくありませんでした。ただ、本や新聞をよく読んでいたことが功を奏したのか、自然と鍛えられていたようで、読解力は受験で困ることはありませんでした。

一般に、国語が得意な子は読書好きですし、哲学書などの難しい本を好んで読みたがる傾向もあります。小学3、4年生ならば、中学生や高校生が読むような本も十分に理解できると思います。読書経験は子どもの読解力を高めてくれます。逆にいえば、学校の授業だけでは十分な読解力は身に付きません。学習参考書を使って長文読解のコツを掴むことも必要です（おすすめ①）。

受験国語を勉強することで読解メソッドを身に付ける

読解のコツは、中学受験の国語を勉強することで学べます。受験国語の学習参考書には読解メソッドがわかりやすくまとめられていますから、受験する、しないにかかわらず

おすすめ❶

読解力の先取り学習をするならコレ！

各級と対応する標準的な学年レベル

基本トレーニング＼学年	1年	2年上	2年下	3年上	3年下	4年上	4年下	5年上	5年下	6年上	6年下	中学入試
1級												■
2級											■	
3級										■		
4級									■			
5級								■				
6級							■					
7級						■						
8級					■							
9級				■								
10級			■									
11級		■										
12級	■											

読解力（12級〜1級）
★自分に合ったレベルからスタートしよう

『30日で完成 基本トレーニング 読解力1〜12級』
（増進堂・受験研究社）

小学1年レベルの12級から中学入試レベルの1級まで、子どもの習熟度に合わせて読解力を伸ばしていくことができる進級式トレーニング。1日1単元（見開き）の読解問題に取り組めば、ちょうど30日間でマスターできる。数単元ごとに「まとめテスト」が設けられているので、解けない問題があれば、前の単元に戻りながら進めていける。

子どもの読解力のレベルがわからない場合には、学年にかかわらず12級から始めるといいでしょう。9歳の壁を越えていれば、小学3年で1級まで進めることも可能です。

利用しない手はありません（**おすすめ②**）。

さらに、中学生向けの参考書も先取り学習に使えます。新聞や本を読んでいる大人であれば解答できるレベルの問題ですから、親が教えてあげることもできるでしょう（**おすすめ③**）。

また、漢字については、9歳の壁を越えていなくても先取り学習が可能です。**壁を越える前の記憶力が長けているうちに、学年の枠を超えて難しい漢字もどんどん覚えていくといいでしょう**（おすすめ④）。

漢字の勉強は子どもにとっては面白くないかもしれません。ですが、やればやっただけ、確実に点数がとれるようになるものでもあります。そこにやりがいやゲーム性を見出すことができれば、子どもは自ら進んで楽しく勉強に取り組むようになるはずです。

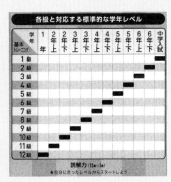

おすすめ❷

中学受験の国語で読解メソッドを身に付ける

『小学高学年 自由自在 国語』（増進堂・受験研究社）

小学校から中学受験のハイレベルな内容までをカバー。学習内容をわかりやすく整理した図や表を豊富に収録。丁寧でわかりやすい解説で、自宅での学習で頼りになる１冊。これから必要とされる記述力・思考力を伸ばす練習問題も充実。

『中学受験国語 文章読解の鉄則 増補改訂版』（エール出版社）

難関～中堅レベルの受験国語の「読み方＆解き方のルール」と「難関・上位校受験用に厳選した語彙」が１冊にまとめられた参考書。受験生はもちろん、小学４、５年生の先取り学習にも。

おすすめ❸

中学範囲の先取り学習をするならコレ！

『ひとつずつ すこしずつ ホントにわかる 中１からの国語 文章読解』（新興出版社啓林館）

「ニガテ意識はなぜうまれるのか」➡「何度やってもうまくいかないから」➡「何度やってもうまくいかないのはなぜか」➡「基礎・基本ができていないから」

読解の基礎・基本を図解入りでわかりやすく説明し、ニガテ意識を払拭することで文章読解力を身に付けていこう、という１冊。

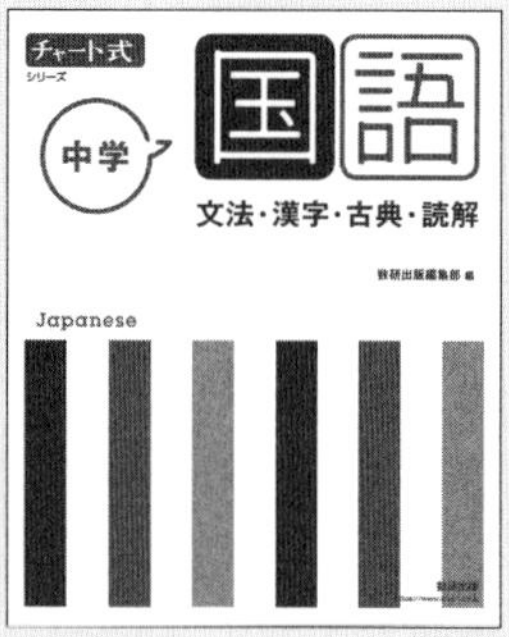

『チャート式 中学 国語 文法・漢字・古典・読解』（数研出版）

定評ある問題集型参考書。読解だけでなく、中学校で習う漢字・ことば（文法）・古典を学ぶことができる。問題を読み解くポイントを示すことにより自ら考える力を鍛えられる。

おすすめ❹

漢字の先取り学習をするならコレ！

『新版 陰山メソッド 徹底反復 漢字プリント 小学校 1 ～ 6 年』
（小学館）

百マス計算でお馴染みの陰山英男先生による、短期間で集中的な漢字学習と、その後の反復練習が可能なプリント。2020 年度からの配当漢字 1026 字がすべて入った学年別の単文例文集。4 ～ 5 枚のプリントで、学年ごとの配当漢字をすべて習得できる。音読により、学習する漢字をまずは目と耳から記憶するようになっているのも陰山メソッドならでは。1 日 1 ページなら半年で、2 日に 1 ページなら 1 年で終えられる。

子どもが本を読んでいるときに難しい漢字や言葉が出てきたときには、親がフォローしてあげましょう。漢字力と読解力を一緒に身に付けていくことができます。

『10 分間復習ドリル 漢字・語句 中 1 ～ 3』
（増進堂・受験研究社）

中学 3 年間で習う漢字・語句の問題が網羅されているドリル。巻末に 3 つの仕上げテストが用意されているので、到達度を確認できる。1 単元（1 ページ）あたり 10 分間で取り組むことができるので、毎日のくり返し学習が可能。解答には、「注意」として間違えやすい漢字などの情報も収録。

『でる順ターゲット 中学 漢字・語句・文法 1500』
（旺文社）

過去の高校入試問題を分析し、頻繁に出題される漢字・語句・文法を「でる順」に並べた単語集。赤セルシートを活用し、いつでも、どこでも、くり返し学習が可能。漢字だけでなく語彙力も一緒に高めることができるので、読解力の向上も期待できる。

先取り学習のテクニック【英語編】

- ☑ 小学校英語は中学英語の予習にはならない
- ☑ 中学範囲の英語の先取り学習はしたほうがよい
- ☑ 中学受験をする場合には、英語の勉強は受験後からでかまわない

小学校での英語の授業は中学校の備えとしては不十分

学習指導要領の改訂により小学校での英語教育は2020年度から必修化されています。これまで、小学5、6年の「外国語活動」として年間35コマ（週1程度）しかなかった英語が、小学3、4年からとなり、小学5、6年では年間70コマ（週2程度）の「教科」として本格的に導入されています。

「外国語活動」は、英語に親しむことが目的だったこともあり、ダンスや歌を通じて英語を使うなど、ほとんど遊びレベルのものでした。中学英語に備えて簡単な読み書きや、文法の基礎を身に付けておくという意味では、ほとんど役に立たない内容でした。それが、教科化されたことでごく簡単な読み書きに加え、英語でのやりとり（会話）なども教えられるように変わったのです。

英語教育において大きな変化だとは思いますが、内容的には「小学校では文法までは教えないこと」となっています。つまり、学校で教えてもらうことだけでは英語の基礎は身に付けられないということです。

このような日本の英語教育のレベルの低さが、英語の音楽や映画などさまざまなエンタメを楽しむ機会を遠ざけ、英語好きになるきっかけを掴みにくくしているのではないかと、私は思っています。

また、中学範囲の英語も、ネイティブにとっては小学生レベルの簡単なものであり、心配は不要です。ただ**英語学習は、子どもの発達を気にせず進めていける教科なので、先取り学習で中学英語の勉強を進めておくといいでしょう**（おすすめ①）。

中学で習うことが小学生の自分にも「できた」という体験が自信となり、中学校からの英語学習にすんなり入っていけるようになります。

おすすめ❶

英語の先取り学習をするならコレ！

『1日５分で身につく！ 小学生の英語』（ナツメ社）

「ひろつる（廣津留真理）メソッド」は、毎日５分間だけ集中して取り組めばよい学習法なので、小学生でも飽きずに学習を続けられる。英検５級に対応、中学英語の導入にもなる。日本語訳がついていないので「文章をまるごと覚える」ことで「英語を英語のままで理解して」身に付けていく。

『小学生のためのよくわかる英検３級合格ドリル』（旺文社）

英語は「慣れ」がレベルアップのカギを握る科目なので、ドリル学習が特にお勧め。英検３級程度の学力なら小学２、３年生でも理解でき、級を取得することも可能。まずは、どんな問題が出て、どんな知識が必要かを知ること。そのうえで、ドリル学習を毎日続けることで必要な英語力を身に付けていくことができる。

英語の先取り学習は無理せず進める

一方で、中学受験を選択すると、英語の先取り学習の時間を捻出するのは難しいでしょう。その場合は、無理して英語学習のための時間をとる必要はありません。受験を終えてから入学までの2ヵ月間にできる範囲で行えば十分です。

先取り学習については、次ページで説明しますが、基本を学んでから練習問題をくり返すという流れで身に付けていきます（**おすすめ②**）。

また、**英単語や熟語をできるだけたくさん覚えることが英語力アップにつながります。**AIの自動翻訳でも、学習させた文章量が多いほど自然な文章をつくれるようになるといわれています。先取り学習では、使用頻度の高い英単語をフレーズや例文と一緒に覚えていくことも大切でしょう（**おすすめ③**）。

おすすめ❷

中学範囲の先取りは３ステップで進める

基本がわかったら、問題集型の勉強をして練習量を増やす、
というのが基本的な進め方。

STEP 1 学年ごとの内容をひと通り学ぶ

『これでわかる 英語 中学1/ 2/ 3年』（文英堂）

小学生ならコレからはじめるとよい。やさしい解説とカラフルでわかりやすいレイアウトで中学英語を一から丁寧に自習することができる。リスニング用ＣＤ付。ざっと通して行うことで中学１年レベルの英語をひと通り身に付けることができる。

STEP 2 問題演習をくり返して定着させる

『やさしく学ぶ 英語リピートプリント 中1/ 2/ 3』
（フォーラムＡ企画）

英語は、「習うより、慣れろ」の教科。演習を通して基礎的な内容を定着させるためのテキスト。文法などでつまずきやすい項目を分析し「くりかえし学習」ができるように工夫されている。STEP1 に続けて取り組むことで、より効率よく学びを進めていける。

STEP 3 練習量を増やして実力を上げていく

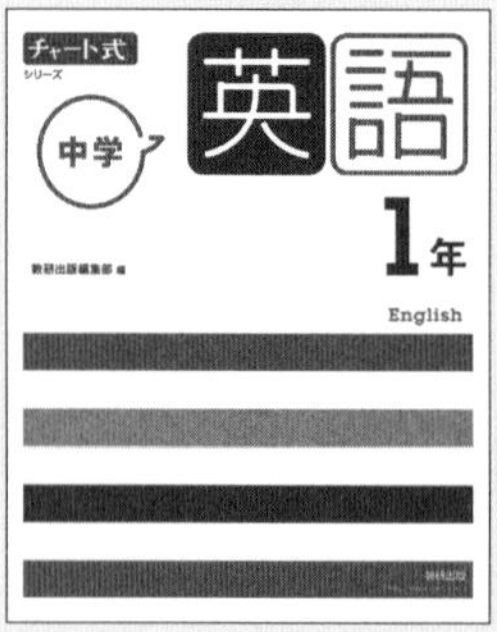

左：『チャート式 中学 英語 1/ 2/ 3年』（数研出版）
右：『チャート式 中学 英語 1/ 2/ 3年 準拠ドリル』（数研出版）

カラフルで見やすい大きな紙面の『チャート式』は参考書型問題集。QR コードから文法の解説動画や発音判定、復習テスト、音声再生などにアクセスできるので自学自習に使いやすい。『チャート式 準拠ドリル』との併用がお勧め。解説の例文を暗記してドリルに取り組むことで確実に英語力が身に付く。

小学生で中学範囲を無理なく先取りするためには、小学４年で中１、小学５年で中２、小学６年で中３と進めていくといいでしょう。なお、先取り学習では、難しい文法がわからなくてもあまり気にしなくて OK です。

おすすめ❸

英単語を先取り学習するならコレ！

語学学習において単語力は欠かせません。長文を読むときにも単語をたくさん知っていれば、すらすら読めるようになります。中学で 2000 語、高校で 5000 語というのが覚えておくべき単語数です。

『VITAL1700 英単語・熟語』（文英堂）

中学英語の初級から高校英語の初級レベルまでの英単語・熟語を精選。易から難へ４段階のグレードに分けて収録されているので、英語の先取り学習の進度に合わせて覚えていくとよい。小学４年から始めれば３年間かけてじっくり取り組める。

『Data Base 1700 使える英単語・熟語』（桐原書店）

６段階のレベル別（レベル 1-4 はフレーズ中心、レベル 5-6 は例文中心）に構成。新課程において中学で学ぶべき英単語・熟語から、高校での基礎的な学習で必要となるものまでを網羅。全見出し語に例文・フレーズが付いているので、英単語だけでなく、フレーズごと、例文ごと覚える、という意味で役立つ。

アメリカ・イギリスの教科書を使った学習法

アメリカ・イギリスで実際に使われている教科書を手に入れて英語を教える、という方法もあります。合理的でメリットのある教え方ですが、親が、ある程度のレベルで英語が話せること、いつでも子どもの勉強をサポートできることが必要となります。参考になる本を３冊ご紹介します。その国の事情や政治などのトピックを扱っていることもあるので国際事情を知ることにもつながります。

①『アメリカの小学校教科書の英語を学ぶ』（ベレ出版）

アメリカの小学生がどのようなテキストを使って、どんな授業を受けているのかを知ると同時に、教科書の文章を使って英語力アップを図っていく。各科目の学習事項を、英語を使って考えたり、確認したりすることで語彙などの知識を身に付けていくことができる。

②『イギリスの小学校教科書で楽しく英語を学ぶ』（小学館）

全英小学校の 80％以上で使用されている、英語つまり“国語”の教科書を使った学習法。細かくレベル分けされているので、それぞれの英語力に合わせた学習が可能。現地の子どもと同じように、和製英語を一切含まない、生きた英語を身に付けられる。

③『ドリル式 アメリカの小学校教科書で英語力をきたえる』（朝日出版社）

アメリカの小学生向けのワークブックを素材に、英語・算数・理科・社会のドリル形式の問題を解きながら英語力を身に付けていく。小学１年から６年までの内容が収録されており、ネイティブの小学生の教養の基盤となっている語彙力が備わる。「コラム」も充実しており、アメリカ事情を知るのにも役立つ。

Column

忙しいパパ・ママの救世主！
英語学童保育で子どもの英語力と可能性を伸ばす

共働き世帯が増えている今、小学生の放課後の居場所として学童保育（放課後児童クラブ）が利用されていますが、公立の学童保育の待機児童はこの2年でいくらか減ってきたものの、再び増加に転じて全国で15,000人を超えています（※）。また、夫婦ともにフルタイムで働いていると、子どもの塾の送り迎えや、家庭で勉強を見てあげることも十分にはできません。こうした状況から、学習サポートも行う民間の学童保育を利用する家庭も増えてきています。

なかでも、**ネイティブ＆バイリンガルのスタッフによる英語だけの環境で、学習、遊び、音楽、工作、アート、ゲームなどを通して英語力を身につける「イマージョン教育」を行っている学童保育**が注目されています。イマージョン（Immersion）とは「浸す」という意味があり、語学の臨界期ともいわれる9歳までにネイティブ英語に慣れ親しんでおくことで、言語として使えるレベルの英語力がつきやすいとされています。学校教育とは違った知識や経験を通して、柔軟な思考力、コミュニケーション力、創造力などが育まれ、子どもたちの可能性を引き出すことにもなるでしょう。

こうした民間の学童保育は公立の学童保育と比べれば費用は高くつきますが、例えば小学校の下校時間に合わせ、迎えのバスが校門前で待機して安全に移動できるなど、民間ならではの細やかなサービスが充実しています。子どもを預けながら、英語の習得プラスαとしての投資でもあると考えれば、賢い選択と言えるかもしれません。

※2022年5月時点で15,180人（厚生労働省調査）

子どもにわかる教え方を見つけるために

- 親子で通じ合う「ことば」を探す
- 子どもがわかるまで、いろいろな教え方を試す

1クラス35人学級では個別の指導は期待できない

PISA（国際学力比較調査）で常にトップクラスの成績を誇るフィンランドでは、1クラス16～20人ほどの少人数制が基本です。授業では、さらに4、5人ずつのグループに分け、教師はそれぞれに教え方を変えながら指導します。学力に差のある子どもたちを同時に教えるのですから、本来、これくらいのきめ細やかさがあって当然です。

ところが日本は、1クラスの人数が35～40人もいるため教師の負担が大きいうえに、残念ながら、一人ひとりに合った指導が行われているとはいえないのが実情です。

改正義務教育標準法が可決され、2021（令和3）年度から1クラス35人制が段階的に導入されてきてはいるものの、全学年35人学級が実現するのは、2025（令和7）年度と、まだ時間がかかります。ですから、学校のシステムが変わるのを待つより、いま親としてできることをしていくべきでしょう。

その子が「わかる」教え方をいろいろ試して見つけよう

まず必要なのは、親子で通じ合う「ことば」を探すことです。この「ことば」とは共有できる感覚とも言い換えられるものです。

例えば、小学生の子どもに算数を教えるとき、数の概念がわかっていない子に対して何をすればいいでしょう。絵を描いてみる、おはじきを使ってみる、今ならアプリなどもあるかもしれません。さまざまな工夫が考えられますが、小学生にはリアルで触れるようなもののほうが実感できてわかりやすいでしょう。

このとき、おはじきではピンときていなかった子が、アプリを使ったらわかるようになった――といった

ことはよくあります。ですから、いろいろ試して、その子がわかる方法を一緒に探しましょう。子ども目線で考えるのがコツです。

もちろん、家庭教師や進学塾など教えのプロに頼ることもひとつの手です。当たり外れはあるかもしれませんが試してみる価値はあります。進学実績に目を奪われがちですが、教え方がうまいことで評判の家庭教師や塾を探すといいでしょう。

なお、発達の遅れがあるなしにかかわらず、子どもの理解のレベルには個人差があります。**ふつうの学習参考書で子どもがわかる教え方が見つけられなかったときには、学習障害の子のための指導法が参考になります。**

なかでも算数障害の場合は、「数の概念が理解できない」など、つまずきのタイプに合わせて学習法を工夫してあげることが必要です。次ページで、指導法のヒントが詰まったお勧めの4冊を紹介しています。

「理解させる」のではなく「点をとらせる」という発想で

わからなくても点をとることはできます。ちゃんと理解させなくてはいけないという固定概念にとらわれないことです。では、どうすれば理解できていなくても点をとれるようになるのでしょう。

まずは「練習量」です。くり返しやっているうちにできるようになることがあります。**理解が深まっているわけではなくとも、慣れることで点をとれる**ようになっていきます。まさに「習うより、慣れろ」です。

そして、もうひとつの方法が「丸覚え」です。**丸覚えで点がとれるのであれば、それでもいい**、というのが私の考えです。

とくに9歳の壁を越えるまでは記憶はむしろ得意なはずですから、理解しているかどうかはいったん脇に置いて、どんどん知識を増やしていきましょう。知識量が増えれば、いずれ理解力は高まっていくものですから心配は無用です。

学習障害の指導法を参考にするならコレ！

『これでピタッと！気づけば伸ばせる学習障害』
(ブックトリップ)

学習障害のある息子が難関私立高校に進学するまでを保護者の視点から書き下ろしたノンフィクション。家庭での関わり、学校現場での苦悩、ターニングポイントなど、学習障害の「解決」に向けて奮闘した親子の記録。

『ワーキングメモリを生かす効果的な学習支援』
(学研プラス)

ワーキングメモリとは、必要な情報を常に更新し覚えておく脳の働きのこと。学習困難の原因となっているワーキングメモリのタイプを知ることで、その子に合った学習方法を見つけられる。

算数障害の指導法を参考にするならコレ！

『障害がある子どもの数の基礎学習』
(学研プラス)

「数」の基礎となる「同じ」の概念形成から、10までの合成・分解、たし算・ひき算、繰り上がり・繰り下がりの計算まで、学習心理に基づいたスモールステップでの指導方法を図解する。その指導方法は、障害の有無にかかわらず活用できる。

『通常学級で役立つ 算数障害の理解と指導法』
(学研プラス)

算数障害は、「計算ミスが多い、暗算ができない、数の概念がわからない…」など、通常学級の子にも当てはまるものがほとんど。誰にもわかりやすい指導法として役に立つ。算数障害かどうかがわかるチェックリスト付。

Column

学習障害の診断は、どこで受けられるの？ WISCと田中ビネー知能検査とは？

学習障害（LD）は、行動面での問題が目立たないため、見過ごされていることも少なくない発達障害のひとつです。全体的な知的能力が低いのではなく、**「読み書き能力」や「計算力などの算数機能」だけが低い**ことから、今は限局性学習症（SLD）と呼ばれるのが一般的です。

SLDは、**ディスレクシア（読字障害：文字を読むことが困難）、ディスグラフィア（書字障害：文字を書くことが困難）、ディスカリキュア（算数障害：計算や推論が困難）**の大きく3つに分けられます。なお、**小児期に生じる特異的な読み書き障害は発達性ディスレクシア**と呼ばれます。

診断では、まず「知的能力に問題がない」ことを調べるために知能検査が行われます。さまざまな知能検査がありますが、なかでも多く用いられている検査が「WISC-Ⅳ知能検査」と「田中ビネー知能検査Ⅴ」です。

● WISC-Ⅳ知能検査

5歳から16歳11ヵ月までの子どもに対して行われる知能検査です。IQ（知能指数）と「言語理解」、「知覚推理」、「作業記憶（ワーキングメモリ）」、「処理速度」という4つの指標を数値化して診断します。

●田中ビネー知能検査Ⅴ

日本で多く使われている知能検査です。精神年齢とIQ（知能指数）、知能偏差値などによって測定されます。対象が2歳から成人までと幅広く、年齢尺度によって問題が構成されているのが特徴です。

なお、診断には、知能検査のほか、心理検査（視覚認知機能・視空間認知機能・音韻認識機能）や医学的な診断も必要となりますので専門の医療機関にご相談ください。

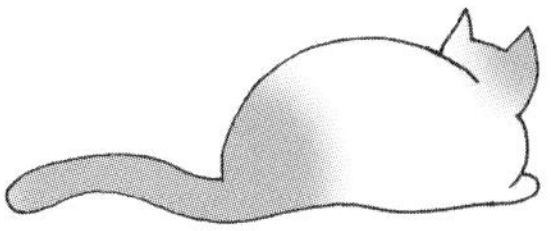

算数が苦手なら文章題の解答を丸暗記させる

- ☑ 計算力はトレーニングで鍛えられる
- ☑ 理屈ではなく、やり方（解き方）を教える
- ☑ 解答を丸暗記して、解法を身に付ける

算数が苦手な子でも公文式ならがんばれる

これまでも何度かお話ししてきましたが、私の弟は12月21日生まれだったので発達が遅いほうでした。それに加えて、小学校の入学前に大病を患い、数ヵ月間入院していたこともあり、小学校に入ってからは「勉強ができない子」として扱われてしまっていました。

特に算数のドリルなどではまったく点数がとれなかったので、担任からは、「特殊学級（今の特別支援学級）へ行かないと、一生、算数ができませんよ」とまで言われていたのだとか。でも、母は、「この子は、今できないだけ、本当はできる子だから（大丈夫）」と、頑として受け入れなかったそうです。

母としても、弟のために何もしなかったわけではありません。当時の私がそろばん塾に通うようになったおかげで、小学3年生で4桁の暗算もできるようになっていましたから、弟も同じようにそろばん塾に通わせました。ですが、左利きの弟にはそろばんは合わず、すぐにやめてしまいます。

そして次に始めたのが、公文式です。「算数の先取り学習のテクニック（78ページ）」でも取り上げましたが、公文式は学年を超えて進めていけるドリル式学習法です。計算は、発達の影響を受けにくく、トレーニング次第で成果が現れやすいものなので、それまで何をやってもうまくいかなかった弟にとって、自分のペースでどんどん先に進めていける公文式は大きな自信となっていたはずです。

教え方の工夫は算数障害の子どもへの指導法から学ぶ

計算は、発達の影響を受けにくく、トレーニングで何とかなるとはいえ、繰り上がりや繰り下がりのある計算は難しく、ここでつまずいて算数に苦手意識をもつようになる子は珍しくありません。

　繰り上がりや繰り下がりのある計算は、タテ型の計算方式である筆算のやり方を身に付けることができれば解けるようになります。このとき、**「無理して、理屈を理解させようとしないこと」が重要**です。

　筆算のやり方を教える際には、おはじきを使ったり、用紙にマス目を引いたりして、計算の過程を「見える化」すると、子どもにも伝わりやすくなります。教え方のヒントは、算数障害のある子どもへの指導法が参考になります（参考文献については、94ページ）。親は、その子が「できないこと」に寄り添って、できるまで付き合ってあげましょう。

算数に強くなる3つのポイント

計算力　トレーニングで鍛える！

暗記力　解答を覚えて、解法（やり方）を身に付ける！

試行力　いろいろな解法を試してみる！

暗記算数も立派な学習法　解答を暗記して　やり方を身に付ける

「算数は暗記で学べる」というのが私の持論です。この意見に対しては賛否あると思いますが、高名な数学者のなかにも暗記算数を認めてくださっている方はいます。

　一般に、算数の問題集を使って自学自習をしている子には、「わからないからといってすぐに答えを見ないこと、まずは自力で解きなさい」と言ってしまいがちです。

　しかし、解き方がわからないのにいくら考えても、わからない状態が延々と続いてしまうだけです。それでは、できないことが苦痛となって算数嫌いになってしまいます。

　「旅人算」や「植木算」など抽象思考が備わっていないと理解できないような問題であっても、**まず解答を見て、その解答（解法パターン）を丸暗記します。**このとき理屈がわからなくても気にせず、同じタイプの問題を、あと10問ほど、すべての解答を見て覚えましょう。

　その後で、似たような問題を解いてみてください。解き方が身に付いて迷いなく解けるようになっているはずです。

　同じ要領で、さまざまな問題と解答をインプットしていけば、中学入試問題だって解けるようになることでしょう。

国語が苦手なら好きな本を自由に読ませる

- ストーリーがあるものだけが読書ではない
- 国語が苦手でも文章を書くことはできる
- 言語としての日本語を学ぶことも必要

読書が苦手な子も好きなものなら読める

国語は、小学生時代の私にとって唯一の苦手科目でした。自閉スペクトラム症だったので、物語を追っていくことや心情読解が苦手だったことが影響していたと思います。

読解力には発達の個人差が大きく影響します。大人が読むような小説を読める子もいれば、マンガのストーリーさえ追えない子もいます。

ところが国語の授業では、発達の個人差を無視して、学校が選んだ推薦図書を読むことを強制されます。読書感想文の宿題で、課題図書が決まっていることもあります。こうした読書の押しつけが、子どもの国語嫌いを助長していると思います。

何も、ストーリーのあるものを読むことだけが「読書」ではありません。例えば、植物や動物が好きならば図鑑を読めばいいし、世界の観光

おすすめ❶

読解力を鍛えるならコレ！

『小学国語 なぞとき文章読解 朝５分ドリル』（学研プラス）

反復学習で学力向上を目指す「陰山メソッド」を生かした勉強法。毎朝の習慣づけに最適。

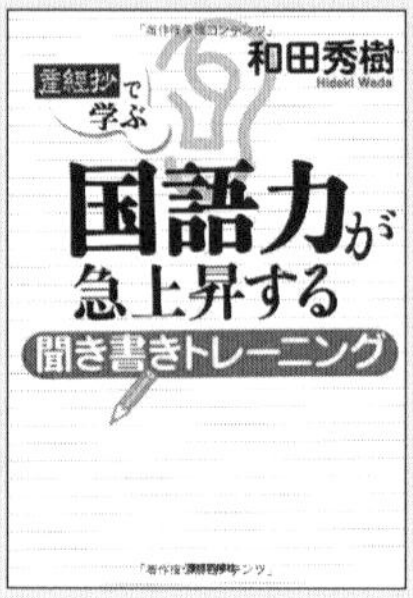

『産経抄で学ぶ 国語力が急上昇する 聞き書きトレーニング』（扶桑社）

和田秀樹の著書。読解力の向上に有効とされている「ディクテーション（聞き書き）」のトレーニング本。

おすすめ❷

作文力を鍛えるならコレ！

『小学校６年生までに必要な作文力が１冊でしっかり身につく本』（かんき出版）

書くことが苦手な子どもの声から生まれた入門書。「書けない理由」を一つひとつつぶしていくことで書けるようになっていく。

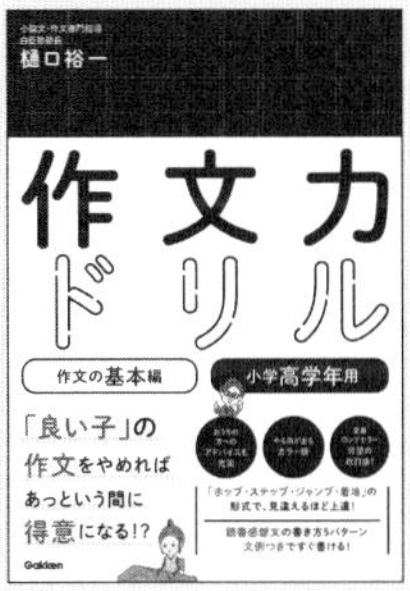

『作文力ドリル 作文の基本編 小学高学年用』（学研プラス）

「小論文の神様」として知られる樋口裕一先生のノウハウが詰まった１冊。小学低学年用、小学中学年用もある。

地に興味があるのならば旅行のガイドブックを読んだっていいでしょう。ある程度しっかりした日本語で書かれた文章であれば、**読んでその内容を要約したり、意見をまとめたりすることで日本語を使いこなす能力は鍛えられますし、読解力を身に付けていくことも可能です。**

　また、短い文章でも毎日コツコツと読解練習を続けることや、ディクテーション（聞き書き）を練習することも読解力の向上には有効です（おすすめ①）。なお、読解力を鍛えるための学習法については、別項でも詳しく取り上げています（82ページ）。

国語が苦手でも長い文章を書けるようになる

　私自身、小説を読むのは苦手でしたが、新聞は早くから読んでいました。小学3年のときの担任が、そんな私のために新聞部をつくってくれたのですが、これは国語が苦手だった私に「輝ける場所」を与えてくれたのだと思います。

　その後も国語はずっと苦手でしたが、新聞部で書くことを覚えた私は、大学時代には週刊誌でライターとして記事を書くようになり、今では本を執筆するまでになっています。

　読書が苦手な子であっても、テクニックを身に付けることによって「文章を書くこと」はできるようになります。そのためには、「何から書くか」、「何を書けばよいか」、さまざまな文章の「基本の型」を学ぶことで、迷いなく書けるようになっていきます。作文の書き方を練習できる参考書を紹介します（おすすめ②）。

読み書きが苦手な子には言語としての日本語教育を

　日本の国語教育には、もうひとつ大きな問題があります。それは、母

おすすめ③

読み書きが苦手ならコレ！

『ワーキングメモリを生かす指導法と読み書き教材』（学研プラス）

脳の働きのワーキングメモリに着目。読み書きが苦手な学習困難のある子どものつまずきに合わせた指導ノウハウを紹介。

『国語が得意科目になる「お絵かき」トレーニング』（ディスカバー・トゥエンティワン）

「絵を文章で説明する」、「文章を見て絵を描く」ことを通じて、表現力や伝える力を鍛えることができるワークブック。

国語である日本語の教え方です。

英語圏の国々では人種も使用言語もバラバラな人々が混在しているため、共通言語としての英語を教える必要があり、グラマーの授業が大切にされています。

一方、日本では、近年多くの外国人が生活するようになっているとはいえ、誰もが日本語での読み書きができることを前提とした教育課程となっているため、言語としての日本語教育が足りていないと思います。

子どもが読み書きに困難を抱えていると感じたら、まずは、その子のつまずきがどこにあるかを把握しましょう。そのうえで、学校では十分に教えてくれない読み書きや文法を、親が代わりに教えてあげてください。

国語障害がある子のための教材やワークブックにはさまざまな「できないこと」に対応した指導法が紹介されていますので、お勧めです（**おすすめ③**）。

また、発達が追いついていなくても、漢字や語彙を増やすことはできます。記憶力がいいうちにたくさん覚えさせておけば、本が読めるようになってからも役立ちます。語彙力アップのための参考書を紹介しておきましょう（**おすすめ④**）。なお、漢字の問題集は、別項で紹介しています（85ページ）。

おすすめ④

語彙力を鍛えるならコレ！

『1日5分で成績が上がる！小学生の語彙力アップ1200』（星雲社）

厳選された1200語を収録。赤シートを使ってゲーム感覚で学習でき、自然と国語力が鍛えられる。

Column

学びたいのに学べない！
新しいやり方で学びの扉を開こう

ディスレクシアは、「読み書き障害」と訳されるため、「読み書きができない」と思われがちですが、決してそうではありません。視覚や聴覚に異常がないにもかかわらず、**文字を文字として認識できない、あるいはイメージを文字化できないことで、読み取ったり、書いたりするのが困難な状態**です。

そのため１文字読むのにも時間がかかったり、読み間違えたり。読むだけで疲れてしまい、内容を理解するまで至らないことも。読書が嫌いになってしまうだけでなく、「読み」はすべての学習で必要となるため、ほとんどの子が「自分は勉強ができない」と思い込んでしまうのです。

一方で、ディスレクシアといっても、その症状の程度は個人差があるうえ、まったく読み書きができないわけではなく、がんばればできるようになっていくため、周囲の大人たちは「読み書きができるようになってから勉強をさせよう」と考えます。けれど、**読み書きは学習の手段であり、その習得に時間をかけるのは、子どもの学習意欲を失わせてしまうだけ**です。

今は、タブレットなどのICT（情報通信技術）機器も充実しています。「文字を書くのは苦手だけれどタイピングはできる」「音声でのサポートがあれば文字化できる」など、使い方は症状の程度によっても違ってくるでしょうが、上手に活用すればもっと学習に取り組みやすくなるはずです。

こうした環境づくりのためにも、本人と親（保護者）だけでなく、学校や塾などを含めた社会全体で、**学習障害の実態を正しく理解し、速やかにサポート体制を整えていくことが大切でしょう。**

英語が苦手なら遊び感覚で好きにさせる

- ☑ 英語に馴染めない子には無理をさせない
- ☑ 英語を好きになるきっかけは親がつくる
- ☑ 小学生のうちは単語・熟語、フレーズの丸覚えでよい

英語に馴染めない子には無理をさせないほうがいい

就学前の子どもにとって、英語は外国の言葉であり、アルファベットを書けるかどうか、というレベルであることがほとんどでしょう。

よく「英語圏で暮らしていれば、子どもなんてすぐに喋れるようになる」といわれますが、そんなことはありません。私の娘は、2歳半から5歳までアメリカのプレスクールに通っていましたが、まったく英語に馴染めませんでした。

当時、娘がどういう思いでいたかはわかりませんが、せめて家のなかでは気楽に過ごさせてやりたかったので、日本語で会話をし、日本語の本やビデオを見せるようにしました。

このとき、あえて英語だけを使うこともできましたが、英語を嫌いになってほしくはなかったので、私も妻も無理強いはしませんでした。

その後、日本に帰国。中学生になって英語を学ぶようになっても、リスニングやスピーキングは相変わらず苦手なようでした。ところが、高2のとき1年間、ボーディングスクールに留学をしたら、見違えるように喋れるようになって帰ってきたのです。それからは、英語が一番の得意科目になり、今では英語を使って仕事をするほどの実力です。

幼少期に馴染めなかったとしても、嫌いにさえなっていなければ、何かのきっかけで一気に力を伸ばすことがある、という例です。

英語に触れるきっかけは親がつくってあげるもの

親は、子どもが小学校で英語を学び始める前に、遊び感覚で英語と触れ合うことのできる機会をつくってあげるといいでしょう。

例えば、海外旅行、映画、音楽、

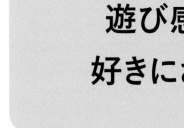

あるいはセサミストリートのような子ども向け番組、今時ならばYouTubeにも英語の番組はたくさんあります。他にも、『どの子も好きになる！楽しみながら話せる！英語あそび101』（学陽書房）という本もあります。英語を使って遊ぶゲームやアイデアが詰まっているので、使いやすくてお勧めです。

ただし、子どものためと思って勧めた英語体験が「楽しそう」「面白そう」と英語に興味をもたせるきっかけになることもあれば、「難しそう」「やりたくない」などのネガティブな反応を引き起こしてしまうこともあるので気をつけてください。

理屈で考えないよう まるごと覚えさせる

中学英語は簡単なので、できれば小学生のうちに先取り学習をしておいたほうがよいとお伝えしてきましたが、大事なのは文法にこだわりすぎないことです。

母国語習得は、基本的に丸覚えが原則です。日本語で「何やっているの？」は、英語では“What are you doing?”ですが、小学生でこの文法までを理解する必要はありません。短いフレーズですからまるごと覚えてしまえばＯＫです。

もちろん、いずれ英語で長文を読めるようになるためには、文法や読解力も必要となりますが、小学生のあいだは意識しなくていいでしょう。

覚えるのが得意な小学生のうちに、単語や熟語をできるだけたくさん覚えておくほうが後で役立ちます。単語力や語彙力がついてくれれば、自然と英語がわかるようになり、英語の勉強が楽しくなってくるはずです。小学生のうちに1000単語も覚えられたら十分です。テキストは別項で紹介しています（89ページ）。

最後にもう1冊、学習障害の子のための参考書を紹介しておきます。『読み書きが苦手な子どものための英単語指導ワーク』（明治図書出版）は、英語圏のディスレクシア（読み書きが苦手な学習障害）研究に基づくワークブックです。英語に苦手意識をもっている子にとっても参考になるヒントが詰まっています。

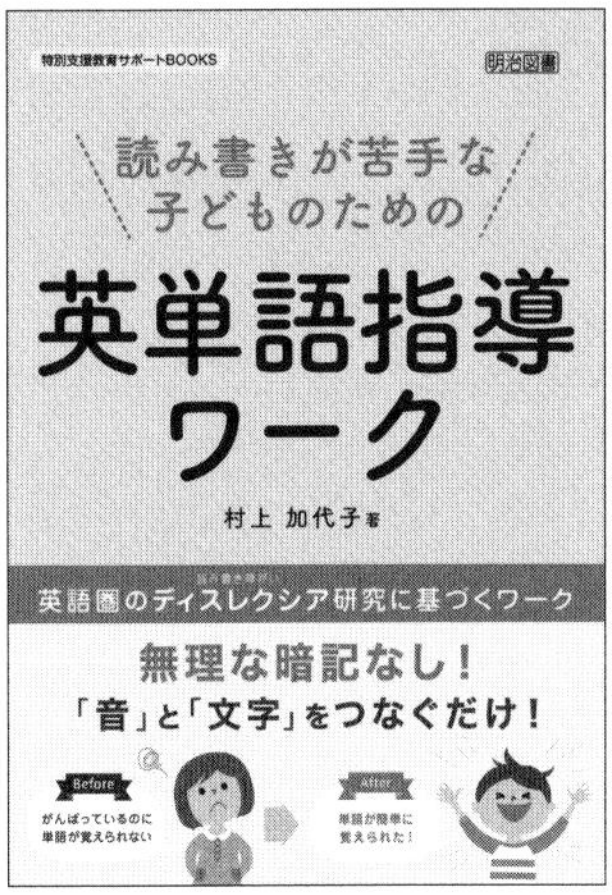

理科・社会が苦手なら興味をもたせる

- 中学受験の理科・社会には国語・算数の力が必要
- マンガやドラマをうまく使って興味をもたせる
- 無理にやらせて嫌いにさせないこと

中学受験の理科・社会には国語・算数の力が必要

中学受験の受験科目は、首都圏と関西圏で異なります。首都圏では、［国語・算数・理科・社会］の4科目入試がもっとも多く、関西圏では［国語・算数・理科］の3科目入試が主流です。

得点配分は、4教科の場合は国語100点、算数100点、理科50点、社会50点、3教科では国語200点、算数200点、理科100点となっているところが多いようです。いずれにしても、理科・社会の配点は低く設定されているのが一般的です。

私は、関西の灘中学校を受験したので受験科目に社会はなく、小学生が受験のために社会を学ぶ必要はないものと思っていました。

そもそも小学校の理科・社会の内容は、中学・高校で学ぶ理科・社会との連動性がほとんどないため、余力があったらやればいい科目、という認識でした。

一方で、中学受験の理科・社会は、覚えた知識だけで勝負できるレベルを超えています。とくに難関校の場合は、日ごろから新聞を読むなど、「今、起きていること」に興味をもっていないと太刀打ちできません。

また、社会では、統計データをまとめたグラフや表を読み解く力が必要ですし、理科では、実験したことを計算によって確かめる作業も多くなります。問題文や説明文を正しく理解できるだけの読解力も必要です。要するに、**大前提として、国語・算数がしっかり学習できていること、身に付いていることが重要**です。

興味をもたせるためにマンガやドラマを活用する

小学校で理科・社会の授業が始まるのは3年生からです。小学1・2年生には、理科・社会の代わりに「生活科」という授業があります。町に出て歴史を学んだり、植物を育てたりといった体験を通じて、のちに理科・社会で学ぶような内容に興味・関心をもたせることがねらいとなっている授業です。

しかし、小学校中学年になっても子どもが理科・社会に興味をもてず、苦手意識があるような場合には、親はどうすればいいのでしょう。

そこでうまく活用してほしいのが、マンガです。歴史マンガや科学マンガには、面白くて、かつ勉強の助けになる素晴らしい作品がたくさんあります。ただし、なかにはストーリーがいい加減なものもあります。大人が読んでも面白いと思えるものを選びましょう。

また、NHK大河ドラマも、歴史に興味をもたせるという意味においては悪くないと思います。大胆な仮説や創作が混ざっていることもありますが、見終えた後に教科書と見比べて史実を確認していけば、記憶にも残りやすくなりますし、それ自体が立派な学習となります。

無理してやらせるより嫌いにさせないことが大事

いろいろ工夫しても、どうしても好きになれないようであれば、無理してやらせる必要はありません。嫌いだと思っているうちは、原則、やらなくていい、というのが和田式の基本的な考え方です。

ただし、理科・社会は、高校受験、大学受験のときには合否のカギを握る科目となる可能性もあります。**子どものなかに、「理科・社会＝嫌い」という感覚が残らないようにしてあげることが大切**です。

たとえば、理科・社会には丸覚えしておけば解答できる問題も多くありますから、理屈が必要な部分は後回しにして、覚えものに取り組ませてみるのもいいでしょう。

覚えた知識で点数がとれるようになれば、教科に対するネガティブな印象は払拭されるはずです。さらに、ある程度の知識がついてくると、歴史や科学に改めて興味をもつようになることも考えられます。

体育やスポーツが苦手な場合には

- ☑ いじめなど、嫌な思いをしていたらフォローする
- ☑ 上手な指導者に習う
- ☑ 自分に合ったスポーツの楽しみ方を見つける

一億総玉砕の訓練が背景にある日本の体育教育

日本の体育教育は、海外の学校の体育とは違って独特です。日本体育大学などの一糸乱れぬ集団行動のパフォーマンスが、美しいとか素晴らしいなどと海外でも称賛されますが、海外では体育は好きな種目を生徒が選んで活動する課外授業のような位置づけで、全員同じ体操着に着替えて整列し、鉄棒をしたり、跳び箱をしたり、運動会で人間ピラミッドをつくったりはしません。体育の概念がまったく違うのですから、集団行動は異次元のパフォーマンスに映って当然です。

日本では「行動をそろえる」ことに重きを置き、そのために過酷な訓練を強いたり、できない人に根性で何とかさせようとしたりする戦前の悪しき慣習が根づいています。強い日本男子を育てて戦地に送る、あるいは本土決戦に向けて女生徒が竹やりの訓練をしていた時代の体育が、尾を引いているとも言えます。

やっと最近になって、人間ピラミッドでケガをする子どもが続出し、危険だからと見直されてきているようですが、体育教育自体の改革が必要だと感じています。

運動音痴といじめ

私は小学生時代に6回転校していますが、どこの学校でもいじめにあってきました。そのほとんどが、体育で運動音痴がバレて、バカにされたことから始まります。

特に鮮明に覚えているのが、逆上がりができない私を同級生が笑いものにし、先生まで一緒になってはやし立てたときのみじめさです。二重飛びもできない、泳げない、チーム戦で球技をすれば「お前のせいで負けた」と責められて、体育が大嫌いになりました。今でもスポーツをすることに抵抗があります。でも、このときの経験があったからこそ、運動よりも勉強ができたほうが得だと自分を鼓舞して勉強に励むことができ、こうして精神科医として弱者に寄り添う人間になれたとも思っています。

日本では東大卒よりもスポーツマンタイプのほうがモテる印象がありますが、アメリカではハーバード大卒や経営学に長けた人がモテます。日本の科学技術分野の遅れは、知性への価値評価が低すぎる点にあると思います。若い研究者が日本国内で結果を出せる社会であるべきです。

もし、お子さんが運動音痴を理由に嫌な思いをしていたら、まずは自尊心を傷つけないように「あなたは他の〇〇〇が優れているのよ」とフォローしてあげてください。できないこと、負けたことが悔しいと思う気持ちは大事で、競争のベクトルを変えることにより、得意分野でさらに成長するきっかけになります。

発達の個人差もあれば教え方が悪い場合もある

東大生は4月・5月・6月生まれの学生が多いと昔から言われます。つまり同じ学年でも生まれた月齢が早い分、発達も早いので勉強が理解しやすく、学習が好きになりやすいからです。運動も同じで、発達の早い・遅いはあります。今できなくても中高生になって自然にできる人もいますから、無理に特訓して追い詰める必要はないと思います。

日本の体育教師の多くは、体育が得意なだけで教えることに長けてはいません。できない人の気持ちがわからないのですから「なんでこんなこともできないの？」と言わんばかりの指導で終わります。それに対して、民間の体育塾などでは、「必ずできるようになります」と宣言するほど、教える術をもっています。上手な指導者の下で「できた！」という経験をし、感覚を掴むことであっさり克服するケースもあります。

「得意」と「好き」は別もの

運動音痴の私でも、唯一ソフトボールだけは好きで、チームの足を引っ張りながらもプレイを楽しんでいました。得意ではなくても、楽しむため、健康維持のために、体を動かすことは大事です。私も還暦を前に重度の糖尿病になり、ウォーキングを始めたことで血糖値が劇的に下がって改善に至りました。体育の授業が嫌いでも、運動すること自体はQOL（生活の質）を高める上でも生涯にわたり不可欠です。

また、テレビ観戦や会場に応援に出向くサポーターという形もあれば、データ分析や指導者側でチームに貢献する形もあります。自分が楽しいと思える形で関われるスポーツを、見つけてほしいと思います。

音楽が苦手な場合には

- 学校の音楽教育は時代遅れだと割り切る
- 自由な音楽体験を楽しむ
- 自分も社会も豊かにする音楽に目を向ける

黒船に乗って上陸した軍楽隊に圧倒された日本人

1854年、ペリー提督を乗せた黒船が来航し、軍楽隊と鼓笛隊の演奏を目の当たりにした藩士たちは、見たことのない楽器が力強く奏でるメロディーに、強い軍隊というのは音楽で鼓舞するものなのだと驚きました。これがきっかけとなって西洋音楽が日本に広まり始めたという背景があります。

日本の体育教育が、今なお軍隊式の側面をもつように、音楽教育もまた、歌や演奏の正しさを重んじ、戦う者を鼓舞する場面で用いられることなどを思えば、軍国主義とは言わないまでも、窮屈な教科として置き去りにされた感があります。

私は小学生時代、縦笛もハーモニカも吹けず、歌も音痴でしたから、合唱や合奏ではいつもみじめな思いをしていました。それでも体育のようにバカにされて、いじめにつながることはなかったので、音楽嫌いにはならずに済んだのが幸いです。

音楽に触れること、楽しむことの意義

音楽は国や地域の文化・歴史によってルーツや特徴はさまざまです。黒人音楽であるゴスペルは奴隷が酷使されるなかで、週に一度の休暇に、奴隷たちが魂の救済を願って教会で歌い始めたことが起源ともいわれています。ブルースやジャズも、黒人たちが理不尽な境遇をメロディーにのせて歌い、発展していったものです。

また、私は中学1年の終盤から深夜のラジオ放送を聞きながら明け方まで勉強する生活が始まったのですが、番組内で流れるフォークソングが心の癒やしでした。社会派のメッセージが込められた曲に、音痴でもギターが弾けなくても、子どもなが

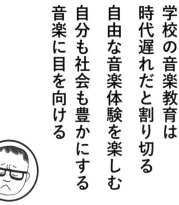

らに心を揺さぶられる体験ができ、今もいい思い出として残ります。

令和の今、音楽も映像もデジタル機器で手軽に創作して楽しむ時代ですから、子どもたちには自由に楽しい音楽体験をしてほしいですね。

音痴は克服するべきか

音痴は主に、音程やリズムを聴き取ることができても、うまく歌うことができない「運動性音痴」と、音程のズレやリズムのズレを聴き取る力が弱い「感受性音痴」があります。ほとんどの場合は前者のケースで、専門家によるトレーニングによって克服もしやすいそうです。

私は数少ない憂さ晴らしの手段として、ひとりカラオケをするのですが、昔に比べたら音痴がだいぶマシになったような気がしています。好きな曲を思うがまま歌うこと、その場数を踏むことがプラスに働いているのだろうと思います。私の交友関係のなかにも、音痴だけれど味がある、心に沁みる歌を歌う人もいます。某アニメのジャ○アンのように迷惑なリサイタルをしない限り、克服しなくても支障はないと思います。

楽器の演奏がうまくできない場合には初心者向けの指導を丁寧に行う教室でトレーニングを受けることが近道です。音楽の授業では自分のペースで取り組めないことが問題です。自分の好きな曲を弾いてみたいと思えば、一音一音を拾いながら進むのも楽しいことなのではないでしょうか。やらされるのではなく、奏でたいと思うことがカギで、焦る必要はありません。

音楽によって人は豊かになるのか

音楽の技術やセンスがある人ほど、情緒が豊かだとは限りません。むしろ、不器用でも音楽のある生活を自分らしく楽しんでいる人のほうが、情緒が豊かなこともあります。

もし、音楽の才能が開花して、音楽の道に進みたいとお子さんが考えるようになったら、音楽だけでは食べていけない現実を教えてあげる必要があります。ただし、それは単純にあきらめさせるということではなくて、その夢を叶えるために今はなんの勉強をし、どんなプランで挑むかを探るためです。私も映画監督になりたくて、資金を得るために医師を志しました。音楽家一択で進み、夢が破れたら途方に暮れるのではなく、そうなっても立ち回れるようにすることが賢明です。

音楽の可能性はまだまだ未知数です。高齢者がカラオケなど歌を楽しむことで、認知症の進行を遅らせるという研究結果もあります。自分も社会も豊かにできる音楽を見つけ出せるよう、視野を広げていくといいと思います。

子どもにとっての読書の意義と嫌いになる理由

- ☑ 小学生の読書には さまざまな意義がある
- ☑ 読書嫌いの理由は、文章を読むのが苦手か、本の内容に興味をもてないか

小学生の読書冊数は多いが成長とともに減っていく

インターネットメディアの普及や子どもの生活環境の変化などにより、子どもの「読書離れ」が指摘されています。しかし、次ページのグラフを見てわかる通り、小学生の平均読書冊数は、むしろ増加傾向にあることがわかります。

これは、2000年前後から、「受験勉強よりも、英語よりも、小学生には日本語教育のほうが大事」と言われるようになったことが影響しています。多くの学校で読書の時間が優先されるなどの具体策がとられた結果、読書冊数が増えていったと考えられます。小学生の13・2冊／月（2022年）は、相当な数です。

ところが、中学・高校となると、その冊数は極端に減っています。経済協力開発機構（OECD）が行った学習到達度調査（2000年）でも、「どうしても読まなければならないときしか、本を読まない」と答えた生徒が、OECD平均で12・6％であるのに対し、日本は22％となっています。**小学生のうちに「読書好き」になる子がいかに少ないかがよくわかる結果です。**

小学生にとっての読書その意義を知っておく

読書にはどのような意義があるのでしょう。子どもが読書で得られるメリットを整理しておきます。

まず、言語と文字との関連を知るきっかけとなります。これは、「話す、聞く」からもう一歩先のコミュニケーションに通じる部分でもあり、とても重要なことです。

長い文章を読めるということは、物語の展開をしっかりと追えるようになることでもあり、想像力や感性もどんどん豊かになっていきます。

また、本を読むことでさまざまな

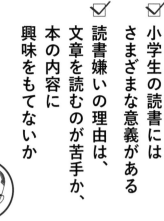

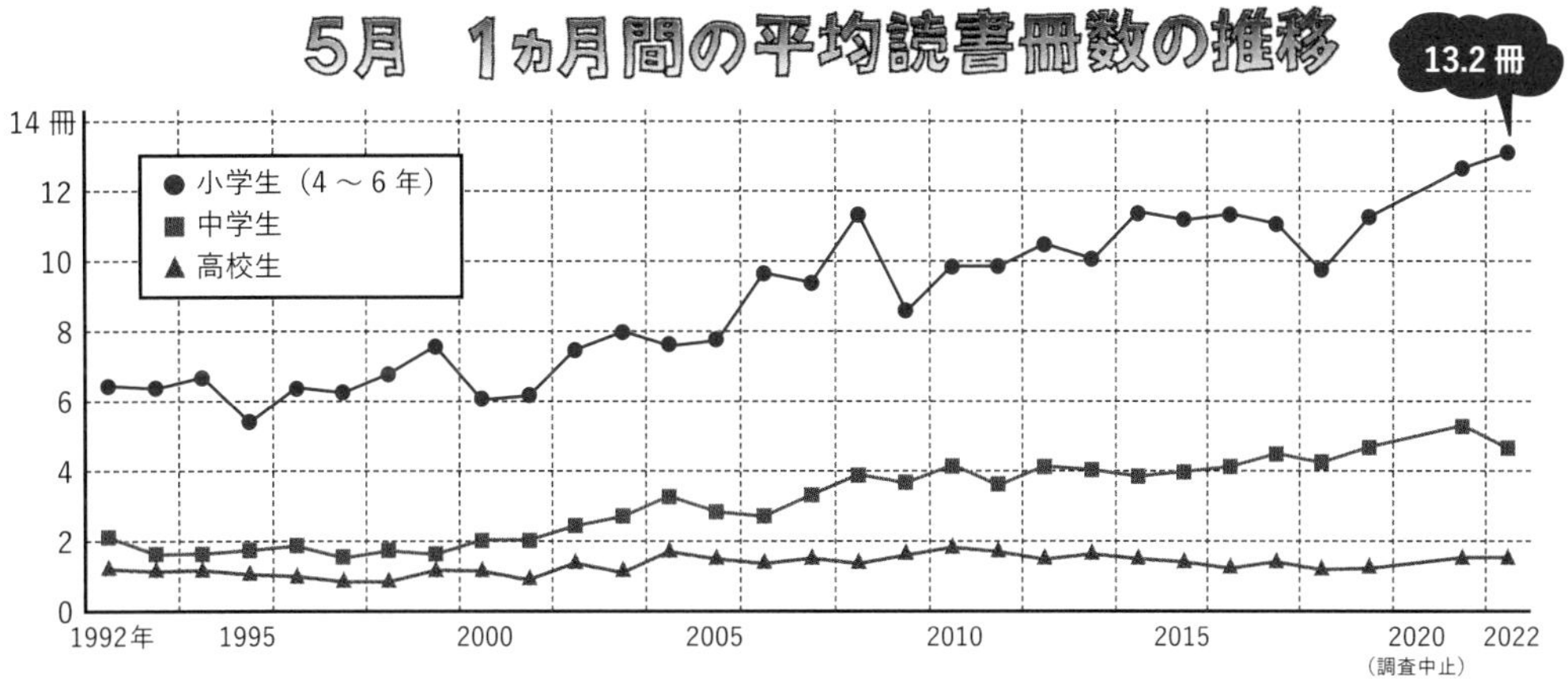

※参考：公益社団法人 全国学校図書館協議会より

情報や知識を得ることができます。インターネットでも情報を得ることは可能ですが、本のほうが信用性や確実性は高いと言えるでしょう。

そして、子どもが気に入った本は、くり返し読ませることをお勧めします。子どもは、覚えたことをアウトプットしながら理解を深めていきます。子どもが、本を読んで何かを伝えようとしてきたときには、しっかり聞いてあげることが大切です。

また、わからない言葉が出てきたら、辞書で調べながら読む習慣をつけておくと、国語力も鍛えられます。

子どもの読書嫌い理由は主に２パターン

子どもの読書嫌いは、文章を読むのが苦手で嫌いになっている子と、内容に興味がもてなくて嫌いになっている子の２パターンあります。

文章を読むのが苦手な場合は、**基礎的な読解力や語彙力を身に付けるための学習を行うといいでしょう。**読めるようになると、読書が苦痛ではなくなっていくはずです。

また、発達障害の可能性がある子にとっては、集中力が続かない（ＡＤＨＤ）、登場人物の心情がわからない（ＡＳＤ）といった特性があることが多く、読書が難しい場合もあります。無理に読書を押しつけようとせず、専門家に相談しましょう。

一方、文章を読む力はあるのに、あまり読書にはまっていないようであれば、**大型書店や図書館に一緒に行って、子どもが何に興味をもっているか、探してみるといいでしょう。**

子ども向けの本や名作とされる本を読むことだけが読書ではありません。たとえば、科学や歴史が好きな子にとっては、図鑑や史料を読むことが読書になります。

親の価値観を押しつけるのではなく、子どもが自分で選んだものを尊重してあげましょう。

読み聞かせの意義と読書による弊害

- 読み聞かせで読書を好きになることもある
- 読書で睡眠や受験勉強の時間を削らない
- 読む本のジャンルが偏りすぎないように注意する

読み聞かせをきっかけに読書好きになることはある

幼少期にアメリカに住んでいた娘が英語に馴染めなかったとき、妻が娘のために行ったのが日本語の絵本の読み聞かせでした。娘にとって、読み聞かせは楽しかったようで、あっという間にストーリーを覚え、言葉を覚え、どんどん本に興味をもつようになっていきました。

特に、わからない言葉があったときに、「どういう意味?」と、その場で聞くことができる読み聞かせは、言語力の備わっていない幼児期の子どもでもストレスなく物語を楽しめるのでお勧めです。

また、読み聞かせでは、あえて本筋から外れたところに話を広げていったり、主人公以外の登場人物の気持ちを想像させてみたりなど、ひとつの物語をさまざまな角度から読み解くことができるので、子どもの想像力や表現力を養う練習にもなります。

そして、私の娘のように、**読み聞かせをきっかけに読書好きになっていくことも十分に期待できます。**

読解力を鍛えるためには読んだ本の内容を聞いてみる

ほとんどの子どもは、自己流の読み方で読書を楽しんでいると思います。基本的には、自由に、好きに読めばいいのですが、あまりにもいい加減な読み方をしていると、いくら読んでも知識や教養が深まらず、国語力アップにもつながりません。

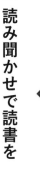

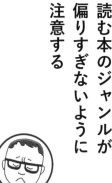

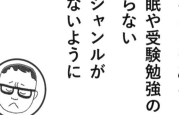

では、子どもの読書を〝無駄な読書〟にしないためには、どうすればよいのでしょう。答えは簡単です。子どもが本を読み終えるたびに、その本の内容を話してもらえばいいのです。

「面白かった?」など感想を尋ねるのではなく、「どういうことが書いてあった？　教えてくれる？」と内容について聞くのがポイントです。本の内容を要約して話せるようになるまで続ければ、読解力も鍛えられます。情緒的な感想で終わらせないことが重要です。

突飛な感想にも慌てず向き合うこと

もちろん、本を読んで「どう思ったか」を聞いてみてもいいでしょう。ただし、子どもの場合は、想定外の感想や突飛なことを言ってくる可能性もあります。ぎょっとするようなことであっても、決して慌てず、「どうしてそう思ったのか」とさらに聞いて、子どもの本音を引き出しましょう。

そのうえで、その答えがあまりに過激である、協調性に欠けている、差別的であるなどした場合には、「それはよくない考え方だよ」と、間違っていることを指摘するとともに、正しい理解へと導いてあげましょう。

子どもとじっくりと話し合ってみるのもいいかもしれません。

読書が弊害となることも？幅広いジャンルの本を読もう

読書が好きすぎて困ることは、ほぼないと言っていいでしょう。ただ、何か他のことを犠牲にしてまで読書をしている場合には注意が必要です。

まず、成長期の子どもにとって睡眠時間は何より大切です。睡眠時間を削ってまで読書することのないよう、気をつけてあげましょう。

他にも、受験勉強よりも読書を優先している子には、「ここまで勉強したら、あとは読書してもいいよ」

といった条件の提示をお勧めします。子どものやる気を引き出す取引は悪くない、というのが私の考えです。

また、小説など物語的なものばかりを読んでいると表現力や文章力が養われる一方で、数学的な発想が育たないとも言われています。

例えば、「高齢者が車で事故を起こした」という事象に触れたとき、「高齢者の運転は危ない。免許は取り上げるべき」と断じてしまいがちですが、数学的な発想では「高齢者の運転による事故の発生件数」など統計データにあたったうえで結論を導き出すのが定石。情緒に流されず、冷静に物事を捉えるという意味では、重要な指摘かもしれません。

子どものうちから、世の中にはいろいろな考え方や意見があると知ることはとても大切です。そのためには、親も幅広い分野の読書をしていることが必要でしょう。親の読書傾向は、子どもに大きく影響します。

和田秀樹の「親塾」のご案内

親が下記のことができるように和田秀樹が行う映像講義です。

① 親が一人ひとりの子どもの個性や能力特性に合わせた勉強をさせるお手伝いをします。例えば、算数が得意で国語が苦手な子どもには、得意な算数を思い切り伸ばしてあげて、勉強を好きにするとともに自信をもった子どもに育て、最終的に大学受験で勝負するようにします。発達障害（非定型発達）が疑われるときでも欠点より長所に目を向けます。

② 教え方や勉強の仕方の工夫で「できる」体験をさせ、「いい点」をとらせることで勉強好きにします。

③ 大学受験に有利なように可能な限りの先取り学習を行います。例えば小学校4年生くらいから中学の数学、英語を教えることで大学受験を有利に進める。小学校2年生くらいまでの勉強を1年のうちに終えるなど、それに適した参考書、問題集、ドリルも紹介します。

④ 学習習慣をつけ、将来に役立つ基礎学力を身に付けさせます。

⑤ 子どもに「自分は頭がいい」という健全な自信をもたせます。勉強ができないと言われたり悪い点をとってしまったというネガティブな経験をなるべくさせずに、「自分は頭がいい」と思わせることは、将来希望をもって受験勉強や仕事をすることにつながります。

⑥ 勉強がなぜ役立つのか、大人の社会の仕組みを子どもにわからせます（勉強ができると偉いと思える価値観を身に付けさせる）。

⑦ 子どものメンタルヘルスや心理発達の基礎知識を身に付け、想定される危機に対応できるメソッドを知ることができます。精神科医としての知識を駆使して、子どもがいじめられたとき、ひきこもり気味のときなどの対応術も知ることができます。

本書の読者
購入特典

どんな子にも素養がある。
最大限に能力を引き出す和田式教育法！
親塾代表の和田秀樹が自ら動画で講義します。

おおむね本書の内容に沿ったものになります。

週に 2 回分の配信で、約 1 年で受講が終了します。

計 100 回の講義のパッケージで 10 万円（税別）となります。資料請求をしていただければ、100 回分の講義内容のタイトルをお送りしますので、そのなかから好きなものを選ぶことができます。

その場合は、1 回分の講義が 1500 円（税別）となっております。

オプションサービスとして、メールでの質問もお受けします（有料）。また、受講者数が 1000 人を超えた場合は、和田秀樹による直接対面講義も計画しております（無料、抽選で 50 人程度の受講を予定しています。抽選にはずれた人にはオンラインで配信します）。

本書の購入特典として下記の QR コードからお申込み頂けますと、これまで行った講義のなかから 5 回まで無料で受講できます。それをご覧になったうえで、入塾を決めてください。

以下、「親塾」のサイトにアクセス

https://oya-jyuku.jp/

魔法の言い換え集

OK

····>「大丈夫！ あなたは後から伸びるタイプ！」

····>「これが苦手なら、あっちをやってみたら？」

····>「●年生になったんだから、きっとできるよ」

····>「勉強したほうがスッキリするよね」

····>「カッコいい人はやっぱり勉強できるよね」

····>「いい大学を出ているほうが選択肢が広がるね」

····>「先生の教え方が合わないのかもね」

····>「〇〇くんは将来、何にでもなれるよ！」

····>「できるところからやってみたら？」

····>「苦手なところが判明したね、よかった！」

····>「今回は国語を頑張れた。次は英語もいける！」

····>「早めに復習するとインプットがうまくいくよ！」

····>「一緒に答えを見てから考えようか？」

····>「何があってもあなたの味方だからね」

我が子に自信をつけさせる! 今日から実践、

NG

「いつまでたってもできないな！」 ••••••••

「どうしてこれができないの？」 ••••••••

「もう●年生でしょう！」 ••••••••

「勉強しないとバカになるよ」 ••••••••

「勉強しないと○○みたいになっちゃうよ」 ••••••••

「いい大学出ても意味のない時代だから」 ••••••••

「先生のせいにしちゃダメだ」 ••••••••

「才能ないんだから勉強しなさいよ」 ••••••••

「何をダラダラやってるの！」 ••••••••

「またこの問題、間違えてる！」 ••••••••

「英語の成績が上がらないね……」 ••••••••

「まだ復習やってないの？」 ••••••••

「わかるまでずっと考えなさい！」 ••••••••

「そんなことしたら嫌いになっちゃうよ」 ••••••••

和田秀樹の本

＊お申込みはブックマン社 HP まで
https://bookman.co.jp/

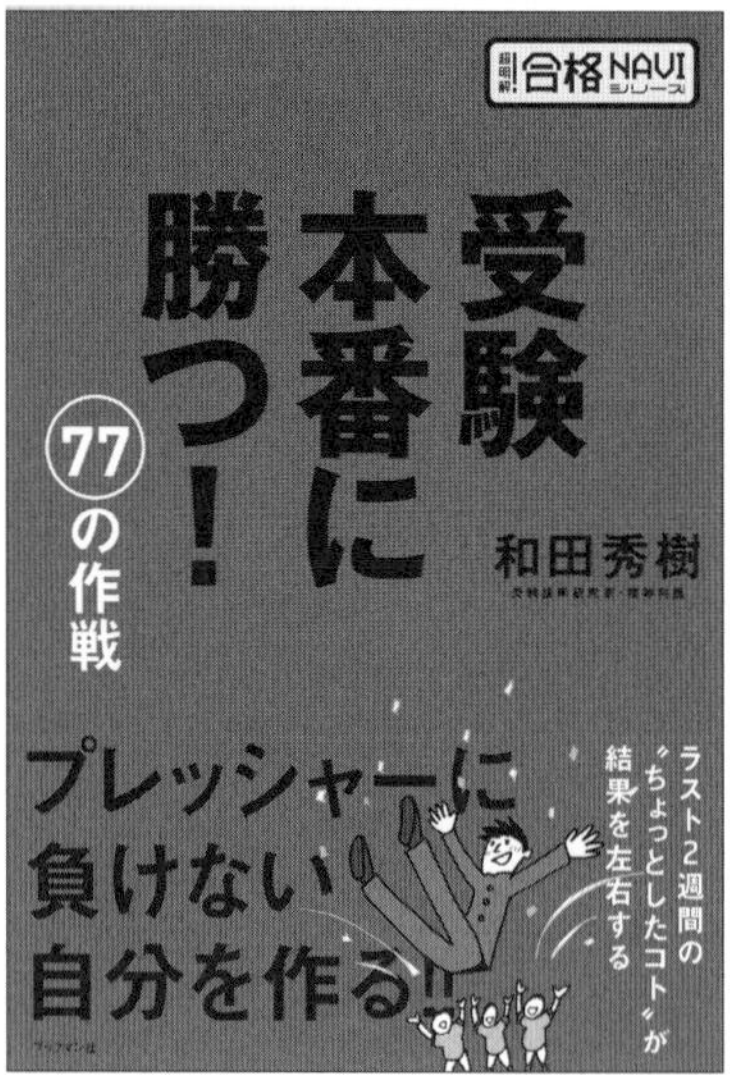

受験勉強に勝つ！ 77 の作戦

いよいよ受験本番！もてる力をフルに発揮できるかどうかが結果を左右する。本書では、当日のアガリ防止術から気持ちの整え方、直前期の効率的な勉強法まで、本番で実力を出し切るための 77 の作戦を伝授。読むだけで驚くほどに自信がつく。大丈夫！君ならやれるよ。

定価 1200 円＋税

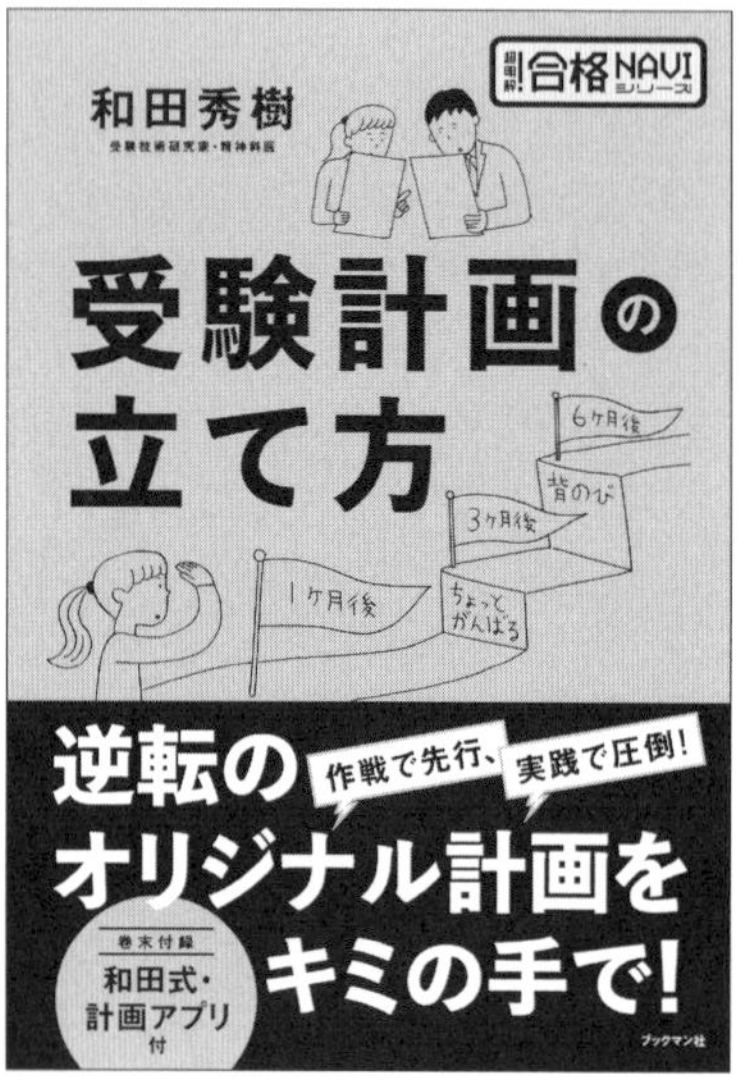

受験計画の立て方

読むだけで〈３日坊主〉を返上！勉強が続けられないのは意志が弱いからじゃない。自分に合った計画を立てられていないだけだ。この本でオリジナル計画を立てれば、合格への最短コースが見えてくる。和田秀樹が長年培ってきた戦術をすべて網羅した志望校突破の切り札！

定価 1200 円＋税

ケアレスミスをなくす 50 の方法

今の実力のままでも偏差値は 10 上がる！難問を解く実力をつけるより、やり方を改善するほうが合格への早道だとしたら？ 本書では、受験生が実際に犯しやすいケアレスミスを広く集めて分析。その対策を具体的なテクニックとして伝授する！みすらんシールつき！

定価 1200 円＋税

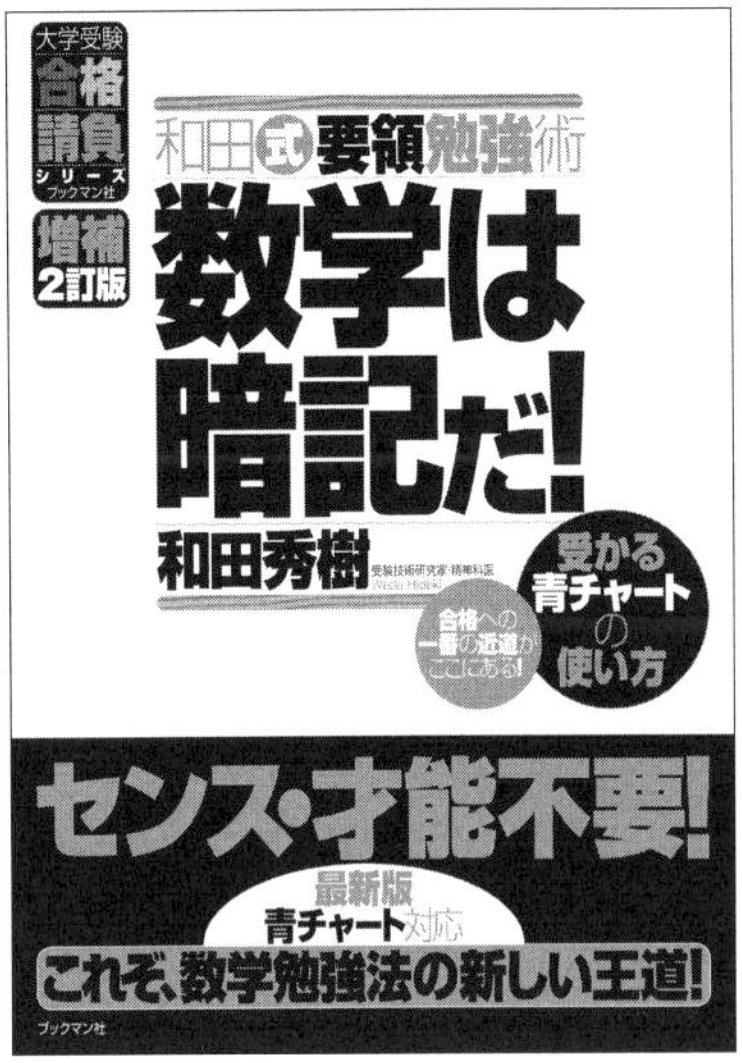

数学は暗記だ！ 和田式要領勉強術

受験参考書の金字塔でありロングセラー！センスも才能も不要。和田式・暗記数学の全ノウハウを一挙公開。「解けるまで考える」のではなく、入試問題を解くために必要な解法パターンを一気に覚える。それが暗記数学だ。苦手意識を一挙に克服できる画期的な一冊。

定価 990 円＋税

新　受験勉強入門　勉強法マニュアル

「頑張っているのに結果がでない」「どうしても伸びない」。多くの受験生がぶち当たる壁を、どうやって乗り越えたらいいのか？そのやり方を知っているか知らないかで、結果に大きな差が出る。誰でも結果の出せる「やり方」を、丁寧に伝授！暗記法から基礎力強化まで。

定価 990 円＋税

受験のシンデレラ DVD ブック
～中学レベルから東大合格を叶える方法～

よりよく生きる方法を知れば、人生は変えられる！ 和田秀樹が映画監督としてメガホンを取り、モナコ国際映画祭 4 冠を達成した「受験のシンデレラ」の DVD ブック。映画を観ながら、受験テクニックをリアルに学べるブックレット「受験の要領 38 箇条」も必読！

定価 1980 円＋税（DVD107 分）

和田秀樹 WADA HIDEKI

1960年大阪生まれ。灘中学・灘高校から東大理科Ⅲ類に現役合格。灘中学受験に失敗した実弟に灘の勉強法を伝授し、在籍した高校創立以来２人目の東大文科Ⅰ類現役合格を実現させる。1987年に自らの受験テクニックを書籍化した『受験は要領』がベストセラーになり、受験のカリスマと呼ばれる。1993年、志望校別受験勉強法の通信教育「緑鐵受験指導ゼミナール」を設立。現在でも地方の公立高校から東大や医学部へ多数合格させている。精神科医としては東大医学部付属病院精神神経科助手を経て、'91年から'94年までアメリカ・カールメニンガー精神医学校国際フェローを経て現在、和田秀樹親塾・緑鐵受験指導ゼミナール代表。立命館大学生命科学部特任教授。臨床心理士。映画監督としても活躍。受験や教育に関する本だけで300冊以上を出版。

STAFF

ブックデザイン　釜内由紀江
　　　　　　　　五十嵐奈央子（GRiD）
イラスト　黒澤麻子

**和田秀樹の「親塾」
勉強に自信をつける！編**

2023年9月15日　初版第一刷発行

著者　和田秀樹

編集　下村千秋　千葉淳子　小宮亜里
営業　石川達也
出版協力　結城博司（緑鐵受験指導ゼミナール）

発行者　小川洋一郎
発行所　株式会社ブックマン社
http:// www.bookman.co.jp
〒101-0065　千代田区西神田3-3-5
TEL 03-3237-7777
FAX 03-5226-9599
ISBN　978-4-89308-963-2

印刷・製本　図書印刷株式会社

本書において出典の記載のないデータは、著者の過去の著作物、研究成果を参考にしています。